Marine Griot

Réussir sa transition professionnelle

pas à pas

Vuibert
pratiQue

Collection Pas à Pas

Réussir sa transition professionnelle pas à pas

par Marine Griot

Site Internet : **www.vuibert.fr**

ISBN : 978-2-311-62173-0

Maquette de couverture : Mademoiselle

Mise en page intérieur : JEDS

Responsable éditoriale : Caroline Roucayrol

Sommaire

Introduction

Vous voilà décidé à changer de poste, d'entreprise, de secteur, voire de métier. Et maintenant? Vous vous posez peut-être quelques questions sur ce qui vous attend.

Comment s'y prendre?

Cet ouvrage vous propose une méthode, étape par étape, pour mener à bien votre transition professionnelle.

Tout d'abord, vous analyserez vos années d'expérience pour bien vous connaître (motivations, besoins, chapitre 3) et savoir parler de vous et de vos compétences (chapitre 2). Vous construirez ensuite un nouveau projet en phase avec votre personnalité et vos compétences (chapitre 4) et le validerez avec des professionnels qui connaissent déjà votre future activité (chapitre 5). Il ne vous restera plus qu'à définir la stratégie de recherche adaptée (chapitre 6) avec les bons outils pour convaincre les recruteurs (CV, lettre de motivation, profil LinkedIn, préparation aux entretiens… au chapitre 7). En chemin, vous aurez identifié les contacts utiles et les sources d'information qui comptent, si bien que vous aurez démarré votre recherche active de poste quasiment sans vous en rendre compte…

Est-ce long? Est-ce difficile?

Personne ne sait de quelle manière ni à quel moment vous allez trouver votre prochain poste. Après tout, peut-être serez-vous contacté demain pour une opportunité de poste en or, servie sur un plateau ! Faute de lire l'avenir, ce livre vous propose :

- des exercices adaptés à chaque étape de votre démarche (nous vous conseillons de les effectuer au fur et à mesure ou après la lecture de chaque chapitre) ;
- des standards de durée de réalisation pour chaque étape exposée ;
- des conseils pour évaluer votre temps plus finement en fonction de votre situation ;
- des encadrés ciblés pour lever les difficultés que vous rencontrerez peut-être en chemin.

Avec quel état d'esprit démarrer ? Comment s'armer pour la bataille ?

Voici quelques considérations utiles à méditer.

1. **Votre curiosité et votre ouverture d'esprit seront de puissants alliés pour aborder le changement que vous envisagez.** Elles vous permettront de reconsidérer votre parcours d'un œil nouveau en plongeant en vous-même pour en tirer vos motivations profondes, puis de sonder la réalité du marché. Tel un investigateur (journaliste, chercheur ou enquêteur suivant votre goût), remettez en cause vos idées préconçues sur les métiers et les entreprises : allez chercher des informations factuelles auprès de ceux qui les vivent au quotidien. À chaque étape, ne craignez pas de lister le maximum d'éléments sans vous brider, en ouvrant votre champ des possibles. Cet ouvrage vous guidera ensuite pour les hiérarchiser et vous décider.
2. **Le job parfait n'existe pas.** Un job vous fait rêver ? Cette envie peut vous apporter de précieuses informations sur ce que vous recherchez en priorité : tâches, environnements préférés, sens. À vous de comparer ces éléments essentiels pour votre bien-être au travail avec la face cachée de ce « job de rêve », notamment en vous confrontant avec les témoignages de professionnels qui le pratiquent. Vous pourrez ensuite décider si c'est bien le métier ou l'entreprise qui vous convient ou déterminer comment modifier votre cible pour mieux répondre à vos besoins.

3. **En revanche, il y a plus d'un poste pour vous de par le monde!** Plusieurs solutions s'offrent à vous, même en tenant compte de tous vos desiderata. Les métiers se sont diversifiés, les modes d'exercice aussi, les entreprises ont chacune une culture bien à elles. Vous ne partez pas en quête de votre vocation absolue, mais plutôt **d'une bonne équation pour faire coïncider vos compétences, vos affinités et le marché de l'emploi.**

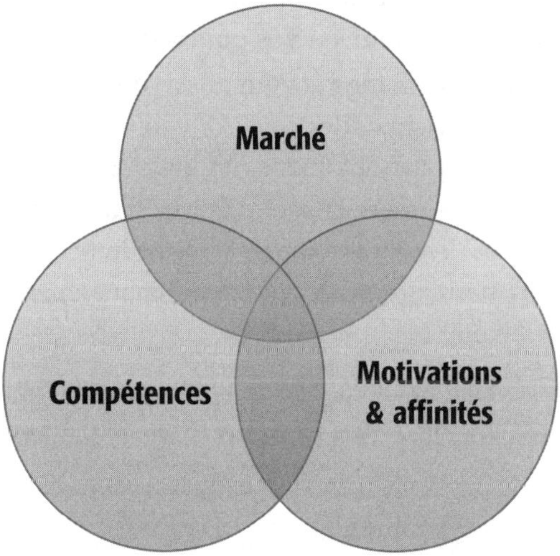

4. **Vous n'êtes pas seul à décider du poste que vous occuperez:** encore faut-il rencontrer et convaincre le «bon» recruteur. Tout ne dépend pas de vous, alors relâchez la pression..., mais pas votre effort! En travaillant à construire un bon projet, avec constance et engagement, vous mettez toutes les chances de votre côté pour atteindre votre objectif et créer vos opportunités de succès.
5. **En matière de recrutement, le réalisme est compatible avec l'optimisme:** peut-être êtes-vous inquiet parce que votre cible (métier, entreprise) vous semble prisée et difficile à atteindre ou encore parce que le marché de l'emploi est tendu et que les recruteurs ne raffolent pas des changements de parcours. Peut-être doutez-vous de

votre âge que vous percevez comme « avancé » ou de l'interruption qui vous a tenu loin du marché du travail, de votre manque de qualifications pour le job que vous convoitez... Si vous avez vos raisons pour penser que votre recherche sera peut-être difficile ou un peu longue, gardez en tête qu'*in fine* **vous cherchez à n'occuper qu'un seul poste !** Oubliez les statistiques et **concentrez-vous sur votre stratégie et les démarches concrètes que vous pouvez entreprendre, sur votre tactique de réponse au sujet de vos éventuels « handicaps » et surtout sur vos points forts.**

6. **L'environnement change et vous aussi** : qui peut dire aujourd'hui qu'il ne changera jamais de poste ? Que son entreprise existera pour toujours ? Les métiers évoluent, nos besoins et nos affinités aussi : vous vivrez sans doute encore d'autres transitions dans le futur. Bien assimilés, les outils exposés dans ce livre (réussites, networking) vous permettront de vivre des changements de cap plus sereins à l'avenir.

D'ici là, réaliser un changement professionnel pour être mieux dans son job est une belle et utile entreprise et je vous souhaite de fructueuses démarches.

Maintenant, c'est à vous de jouer !

Pas de panique, il y a toujours une solution

Ca ne se passe pas toujours comme prévu. Ce livre comprend des **encadrés « Focus » pour vous aider à faire face à d'éventuelles situations inattendues et autres pépins**. En voici la liste :

- **Le temps de digérer** : comment rebondir suite à un licenciement ou une situation personnelle complexe (p. 24) ?
- **« SOS, je n'avance pas »** : comment améliorer votre gestion du temps (p. 53) ?
- **Se faire accompagner** : si vous ressentez le besoin d'un accompagnement individuel ou de groupe (p. 68) ?
- **Si le timing s'accélère** : que faire si votre situation change et que vous devez retrouver un poste plus rapidement (p. 71) ?
- **Construire son projet sur une passion** : est-ce une bonne idée (p. 79) ?
- **Envisager et préparer une baisse de revenus** (p. 106).
- **Avant d'envisager une reconversion**, une installation à votre compte ou une création d'entreprise (p. 109).
- **Mon projet ne convient pas** : que faire si vous vous êtes trompé d'aiguillage… (p. 107).
- **C'est l'été** : comment faire avancer votre projet (p. 120) ?
- **Ma recherche ne donne rien** : que faire (p. 153) ?

Vous trouverez aussi au fil de votre lecture des propositions de **méthodes** :

- **Travailler à plusieurs ou avec un « work buddy »** (p. 26).
- **Pour convaincre, parlez concret** (p. 47).
- **Comment trouver beaucoup d'idées** : quelques règles pour réaliser un brainstorming (p. 77).
- **Réseaux sociaux** : les principales erreurs à éviter (p. 149).

1. Démarrer

Objectif de cette phase : se mettre en route, avec un objectif motivant, clair et atteignable !

Au programme : une mise en perspective de l'évolution de votre satisfaction professionnelle, une clarification de votre objectif aujourd'hui, quelques conseils d'organisation et un test pour mesurer votre appétit de changement.

Le temps : de l'ordre de quelques heures, réalisable sur un après-midi bien concentré.

Votre progression :

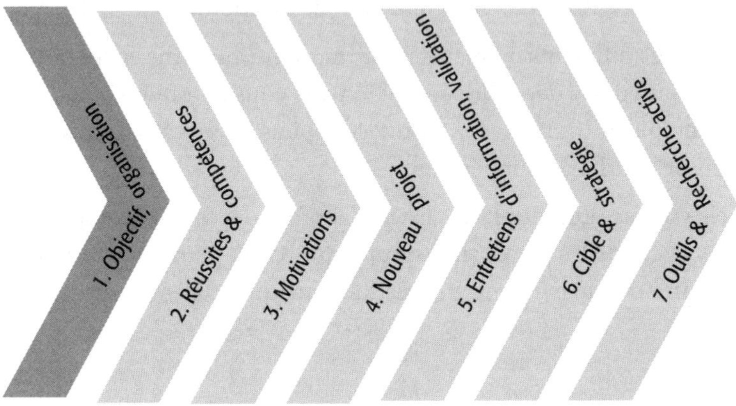

1. Tracer votre courbe de satisfaction professionnelle

Cet exercice, rapide à réaliser, vous apportera un nouveau point de vue sur votre parcours jusqu'à ce jour. Vous avez en tête vos différents jobs et missions jusqu'ici, mais vous êtes-vous déjà interrogé sur votre degré de satisfaction professionnelle au fil du temps ? Vous pouvez dès lors tracer la courbe de cette satisfaction. Créez votre graphique avec :

- En abscisse, le temps jusqu'à aujourd'hui. Vous pouvez remonter aussi loin que vous le souhaitez, à vos années de formation par exemple.
- En ordonnée, le degré de contentement et de bien-être que vous ressentiez vis-à-vis de votre situation professionnelle à chaque époque.

Commencez par vous remémorer chaque moment marquant en termes de satisfaction ou d'insatisfaction. Il peut s'agir d'une embauche, d'un nouveau poste, d'une réorganisation, du démarrage d'un nouveau projet, d'un moment de bilan tel qu'un entretien d'évaluation où vous vous sentiez professionnellement bien… ou pas. La sphère professionnelle s'entend ici au sens large : vous pouvez prendre en compte tous les événements liés à votre vie d'adulte s'ils vous semblent spontanément pertinents : un diplôme marquant, une expérience de bénévolat intense et éclairante, un congé parental, une période de chômage…

Utilisez ces différents moments pour tracer votre courbe en les positionnant à hauteur du degré de satisfaction que vous éprouviez alors, évalué par exemple de 0 à 10. Reliez ensuite les points les uns aux autres comme pour une courbe de température.

Si cela vous semble plus facile, listez d'abord tous ces moments emblématiques avant de les placer sur le graphique. C'est peut-être l'occasion de vous rafraîchir la mémoire en précisant quelques dates (ou années) clés.

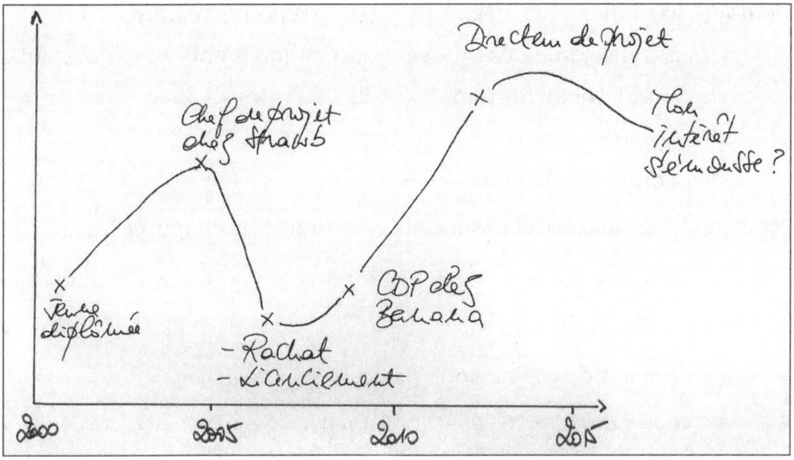

Une fois votre courbe tracée, revenez sur chaque point haut et bas. Décrivez en quelques notes :

- votre activité principale d'alors à l'aide d'au moins un verbe et de quelques éléments de contexte marquants pour vous ;
- les éléments (mission, apprentissage, équipe, valeurs de la structure…) qui vous convenaient particulièrement bien pour les points hauts (par exemple, « en 2008, je suis revenue dans le métier qui me plaisait vraiment et je me voyais confier le projet ABC : je me sentais bien »), ou pas pour les points bas (par exemple, « en 2000, avec le rachat de l'entreprise par XX, ce fut la grosse dégringolade pour moi et pour mon équipe »).

> 2005 - Chef de projet chez Straub
> - innovation Web
> - mode « commando » : peu de moyens, beaucoup à faire
> - entreprise familiale dont j'apprécie les valeurs (intelligence, réalisme, convivialité) et l'ambiance
> - poste / secteur valorisants
>
> J'aime moins : le manque de clarté sur mon rattachement hiérarchique ; l'éloignement géographique

Peut-être identifiez-vous déjà, à partir de vos points hauts et bas :
- des activités qui vous motivent particulièrement (ou pas du tout) ;
- des environnements dans lesquels vous êtes à l'aise ;
- des valeurs essentielles à vos yeux ;
- des centres d'intérêt majeurs.

Nous reviendrons en détail sur tous ces points aux chapitres 2 et 3.

Pour aller plus loin

D'autres points de vue sur votre parcours

- Vous pouvez compléter votre premier tracé par une seconde courbe à partir des événements et du ressenti de votre vie **personnelle** : les deux courbes évoluent-elles ensemble ou, au contraire, l'une à l'opposé de l'autre ? À quel moment, dans quel contexte ?
- Pour poursuivre votre réflexion, demandez-vous quels éléments personnels sous-tendent le parcours de l'homme, de la femme que vous êtes. Quels fils rouges traversent votre vie professionnelle ?
- Si vous aimez écrire, vous pouvez rédiger une courte narration sur un moment qui vous apparaît aujourd'hui comme un tournant de votre parcours, ou encore sur la phase que vous vivez actuellement (ce que vous avez appris, les questions que vous vous posez).
- Si vous êtes plutôt visuel, pourquoi ne pas réaliser un tableau en images de votre futur professionnel ? Choisissez une **date précise à un horizon de 5 ou 10 ans** (correspondant à un anniversaire ou une date qui vous semble clé) et réalisez un portrait en images de votre métier et de votre environnement professionnel à ce moment-là. Utilisez des images, des collages, des dessins et des mots si vous le souhaitez. Prenez votre temps : créer une image concrète de votre futur (sans objectif artistique) peut vous aider à prendre conscience des points essentiels et des interrogations importantes à vos yeux dans le but de positiver votre avenir professionnel.

Vous pouvez aussi réfléchir aux aspects suivants :

- Observez la forme de votre courbe : régulière, accidentée, cycliquement chamboulée ? Jusqu'où va-t-elle vers le haut et le bas ?
- Comment ressentiez-vous ces points hauts et bas sur le moment et comment les voyez-vous aujourd'hui avec le recul ?
- Quelles conclusions en tirez-vous pour guider votre démarche de changement professionnel aujourd'hui ?

Exemple : vous constatez que les deux épisodes les plus difficiles de votre carrière coïncident avec de mauvaises séquences sur le plan personnel, tandis que d'autres coups durs mieux absorbés correspondent à des périodes où vous vous sentiez heureux dans votre vie personnelle. Vous en déduirez peut-être qu'il vous faut être attentif au climat et à vos projets personnels pour mener à bien votre changement professionnel.

Conservez votre courbe et vos notes, ils vous seront utiles à plusireus reprises.

2. Préciser votre objectif

Maintenant que vous avez porté un regard d'ensemble sur votre parcours professionnel, il est temps de réfléchir à la prochaine étape en énonçant le plus clairement possible votre objectif professionnel.

Vous ne savez sans doute pas encore vers quel métier ou secteur vous diriger par la suite. Cependant, si vous tenez ce livre entre vos mains, c'est qu'un besoin de changement se fait sentir ! Vous avez peut-être déjà quelques idées sur ce que vous ne voulez plus et sur l'objectif très général que vous visiez en vous procurant ce livre : changer de poste, de métier, d'environnement et/ou de thèmes de travail, progresser hiérarchiquement, prendre en main une équipe, vous relocaliser dans une nouvelle ville, valoriser un récent diplôme, revenir à l'emploi après une période d'inactivité… Le formuler et le préciser avec les éléments dont vous disposez aujourd'hui va vous permettre d'avancer avec plus d'efficacité.

Voici un petit exercice librement inspiré de la PNL[1] pour vous guider et faire mûrir cet objectif de changement professionnel. Prenez de quoi noter et accordez-vous au moins trente minutes sans interruption.

Préparez-vous à un petit voyage dans le temps. Vous êtes au calme? Fermez les yeux et faites un bond dans le futur. Imaginez que vous êtes arrivé à destination: ça y est, votre objectif, quel qu'il soit, est atteint. Mettez-vous debout et avancez de quelques pas si cela vous aide à vous projeter. Vous y êtes? Prenez quelques minutes pour visualiser et ressentir ce moment précis où vous savez que vous avez obtenu ce que vous souhaitiez

Une fois que vous avez décrit ou visualisé votre but, écrivez:

- la formulation précise de votre objectif («J'aimerais...»);
- les principaux éléments de la scène que vous vous êtes représentée (situation de temps et de lieu, personnes avec qui vous vous trouvez, contexte...);
- les différents sentiments ou sensations que vous avez peut-être éprouvés.

Mon objectif professionnel

J'aimerais...

La description du moment où je sais que j'ai atteint cet objectif:

Les sensations et sentiments que j'éprouve en décrivant ou visualisant cette scène:

Revoyez maintenant vos notes à l'aide des questions suivantes.

1. PNL: Programmation neurolinguistique, pyschologie, champ de connaissances et pratiques visant à faciliter la communication et le changement grâce à l'observation et la modélisation des comportements les plus efficaces.

A. La formulation de votre objectif est-elle positive ?

« J'aimerais quitter pour toujours Dugenou SA, mon employeur actuel » ne contient pas de négation, mais ce n'est pas pour autant une formulation d'objectif positive. En effet, elle est tournée vers votre situation présente, et non vers l'endroit où vous souhaitez aller. Pourtant, se tourner dans la bonne direction est la première chose à faire pour arriver à destination.

Si votre objectif est formulé de manière négative, reformulez-le en répondant aux questions suivantes : Que préférez-vous à la place ? En quittant votre employeur ou votre secteur actuel, vers quoi souhaitez-vous aller ? En attendant d'avoir défini précisément votre prochaine destination professionnelle, avec quels mots pouvez-vous qualifier ce que vous visez ?

Exemple de reformulation : « J'aimerais conquérir un nouveau poste où je me sente en phase avec la culture d'entreprise et avec ma hiérarchie. »

B. Quel est le contexte associé à votre succès ? Où, quand, avec qui ?

Prenez le temps d'enregistrer les détails de l'image liée à l'atteinte de votre objectif que vous avez visualisée : que se passait-il ? Où, quand et avec qui vous trouviez-vous ? Imaginer concrètement votre « ligne d'arrivée » vous permettra de passer du rêve que vous caressez peut-être vaguement à un **objectif incarné et motivant**, auquel vous tenez. C'est aussi l'occasion de savoir que vous avez réellement envie de le réaliser et quand. Parfois, prendre son agenda et se fixer une date de réalisation suffit à matérialiser son but et à se mettre en marche. D'autres fois, ce n'est pas le cas. Peut-être est-ce alors l'occasion de vous rendre compte que cet objectif n'est pas encore mûr ou qu'il vous faut d'abord passer par une **étape intermédiaire**. Pourquoi pas ? En en prenant conscience, vous pourrez prendre rendez-vous avec vous-même à une période plus favorable et entreprendre ce qui devra être fait d'ici là.

Se plonger dans une représentation concrète de cette réussite que l'on appelle de ses vœux, c'est aussi pouvoir anticiper les sentiments et impressions qu'elle déclencherait, nous allons y revenir.

C. Votre objectif est-il atteignable ?

Est-il atteignable dans vos possibilités et capacités ? Et, surtout, dépend-il seulement de vous ?

Par exemple, « avoir signé pour un nouveau job d'ici la fin de l'année » est un objectif très courant qui ne dépend pas entièrement de vous. En effet, il ne vous a sans doute pas échappé que, pour signer un contrat de travail, il faut être deux : vous et votre futur employeur !

Il faut travailler votre objectif pour qu'il soit atteignable et que votre souhait (qui reste, on l'a bien compris, de changer de job d'ici la fin de l'année) ait le maximum de chances de se réaliser. Se donner un objectif qui dépend de soi est le meilleur moyen d'avancer sereinement, voire d'avancer tout court : si vous vous fixez obstinément une cible que vous avez peu de chances d'atteindre ou qui demande une énorme dépense d'énergie pour un résultat aléatoire, votre boussole interne vous soufflera sans doute de privilégier d'autres impératifs, peut-être moins enthousiasmants mais plus accessibles… Logique, non ?

Exemples de reformulation : « Avoir construit un nouveau projet professionnel d'ici fin septembre » ou « D'ici la fin de l'année, avoir effectué les exercices proposés dans ce livre et envoyé mes cinq premières candidatures. »

D. Quels sont votre timing et votre plan d'action ?

Prenez le temps de compléter votre objectif avec une **date de réalisation souhaitée** et, éventuellement, des étapes intermédiaires, elles aussi datées.

Nous reparlerons calendrier plus en détail ci-après, mais vous pouvez d'ores et déjà :

- lister les premières actions à démarrer, les plus simples et évidentes ;
- découper votre objectif global en sous-objectifs plus accessibles.

Prenez en compte les spécificités de votre projet : relocalisation géographique, progression salariale et/ou hiérarchique, urgence du retour à l'emploi. Il est vivement conseillé de prendre en main votre propre objectif professionnel, en tenant compte de tous vos souhaits, particularités, contraintes, ainsi que de vos propres ressources.

E. Avez-vous un risque ou un inconvénient à quitter votre situation actuelle ? Et à atteindre votre objectif ?

Prenez en compte votre « écologie » : comment fonctionne votre situation professionnelle actuelle avec les autres secteurs de votre vie et avec votre équilibre de vie ? Demandez-vous, par exemple, ce que vous gagnez aujourd'hui dans votre situation (et donc en ne changeant pas) et ce que vous gagneriez à faire évoluer votre situation.

En imaginant votre objectif réalisé en début d'exercice, peut-être avez-vous ressenti des sentiments qui vous ont surpris : pas seulement de la joie ou du soulagement, mais aussi de l'appréhension, de la culpabilité ou tout autre chose… C'est tout à fait courant : la seule perspective de consacrer du temps à la réalisation de cet objectif au détriment des autres, de vos activités habituelles, de votre vie personnelle, peut vous mettre mal à l'aise.

Par ailleurs, le changement associé à l'atteinte de votre objectif n'entraînera probablement pas que des aspects positifs. Aujourd'hui, vous avez créé un équilibre, même insatisfaisant, autour de votre situation actuelle, qu'un changement professionnel important pourrait impacter, voire bouleverser : il est donc légitime de vous sentir ambivalent face à un éventuel changement. Préserver sa vie personnelle, son statut social, sa situation financière ou sa place vis-à-vis de ses pairs ou de ses aînés : les éléments pouvant vous inciter à rester où vous êtes ne manquent pas.

D'ailleurs, peut-être envisagez-vous ce changement depuis longtemps sans avoir osé bouger jusqu'alors, auquel cas vous aviez sûrement de solides raisons de ne pas remettre en question votre équilibre ! **Prendre conscience des avantages de votre situation actuelle et des inconvénients de la situation souhaitée permet de traiter ces points contraires à votre désir de changement :**

- Invalident-ils complètement votre objectif ?
- Si non, comment les minimiser ou les neutraliser ?
- Si oui, quel nouvel objectif, peut-être moins ambitieux à vos yeux, conviendrait mieux à votre équilibre global ?

En conclusion

À l'issue de cette auto-évaluation :

- Votre objectif vous semble-t-il plus clair, plus proche, plus en phase avec ce que vous éprouvez ? Êtes-vous prêt à démarrer avec une liste de quelques actions concrètes devant vous ? Bravo ! À noter que la visualisation du moment précis où vous aurez atteint votre objectif, si elle génère des émotions positives, peut être un puissant outil de concentration et de remotivation dans des moments d'incertitude.
- Vous ne vous sentez pas encore tout à fait au clair ? Muni des explications précédentes, prenez le temps de reprendre l'exercice au début pour explorer un peu plus en profondeur votre projection dans la réussite de votre objectif : Avec quelle formulation positive ? Quand ? Où et avec qui ? Vous pouvez aussi faire le test p. 27 pour évaluer où vous en êtes dans votre besoin de changement.
- L'idée de préciser votre objectif vous donne des sueurs froides ? Cet exercice peut également être l'occasion de vous rendre compte que vous n'êtes pas prêt à aborder seul une réflexion de fond sur votre carrière. Si besoin, vous trouverez des pistes pour vous faire aider dans l'encadré « Se faire accompagner, quelques pistes » (p. 68).

Mon nouvel objectif

J'aimerais…

Mon horizon de temps :

L'image de ma ligne d'arrivée :

Mes premières actions :

3. S'organiser

Après ce premier travail sur votre objectif professionnel, vous avez une direction générale et un horizon de temps. Comment s'y prendre maintenant ?

Ce livre vous invite à un voyage en vous-même, au cœur de vos motivations, de vos traits distinctifs et de votre valeur ajoutée. Il vous incitera à plusieurs reprises à être attentif à ce qui fonctionne le mieux pour vous (et pas forcément pour votre voisin). Aussi, parmi vos différentes options d'organisation et d'actions, privilégiez ce qui a déjà marché pour vous en matière de changement et de gestion de projet.

A. *Votre* planning

Avant de démarrer, projetez-vous dans le temps et définissez votre planning. Le tableau suivant vous fournit des indications de temps de travail effectif et de durée totale pour chaque étape proposée dans ce livre. **Gardez en tête que signer un nouveau contrat de travail ne dépend pas que de vous** : à titre d'informations, des chasseurs de tête pointent régulièrement des délais de recrutement qui vont en s'allongeant et évaluent la moyenne des durées de recrutement à environ 13 semaines (fin 2015, pour les embauches qui passent par leur intermédiaire).

Étape	Objectif	Durée minimum de travail en heures	Étalement possible
Lister vos compétences et réussites (chapitre 2)	Votre portefeuille de compétences, appuyé sur 15 à 20 réussites personnelles et professionnelles	4 × 2 heures de réflexion, rédaction, narration	2 à 4 semaines
Identifier vos motivations et besoins (chapitre 3)	La synthèse de vos principaux besoins, valeurs et centres d'intérêt et de tout ce qui vous caractérise	3 × 2 heures de réflexion et de hiérarchisation des éléments	

Étape	Objectif	Durée minimum de travail en heures	Étalement possible
Imaginer un ou plusieurs nouveaux projets (chapitre 4)	Une cartographie organisée des activités que vous pourriez exercer et celle que vous décidez d'investiguer en priorité	1 heure de brainstorming et au moins 3 heures pour hiérarchiser et décider	1 semaine
Valider la viabilité de votre projet (chapitre 5)	Un projet validé par au minimum 3 entretiens avec des professionnels et le produit de votre réflexion	2 heures pour décrire votre préprojet 9 heures pour préparer et réaliser les entretiens 3 heures pour analyser et conclure à partir des informations récoltées	3 à 6 semaines
Définir votre cible et votre stratégie de recherche (chapitre 6)	Votre plan d'action pour atteindre votre cible	3 heures pour décrire votre cible et concevoir votre plan d'action	1 jour si possible
Préparer les bons outils de communication (chapitre 7)	Pitch, CV, lettre, profil réseaux sociaux et/ou préparation aux entretiens : vous êtes prêt à démarrer votre recherche !	10 heures au minimum si vous devez retoucher ou préparer chacun de ces outils	1 à 2 semaines

Attention, les temps de réalisation pour chaque étape indiqués ci-dessus sont des minima. Pour faire une évaluation réaliste de votre planning, prenez aussi en compte :

- Le temps dont vous disposez pour travailler chaque semaine. Hors poste, vous pouvez penser réaliser les étapes à grande vitesse, mais vous consacrerez aussi plus de temps à découvrir et utiliser chaque outil en profondeur. Et vous avez bien raison, car vous avez tout intérêt à soigner votre argumentaire pour bien vous repositionner et vendre votre projet. À vous de doser votre investissement, en évitant cependant de procrastiner.
- Le degré d'urgence de votre changement professionnel, qui va vous pousser à avancer plus ou moins vite suivant votre situation.

N'oubliez pas, cependant, que décrocher un poste ne dépend pas que de vous.

- Le type de changement que vous envisagez. Si vous souhaitez changer de métier et/ou de secteur, vous passerez plus de temps à vérifier la solidité de votre projet et aurez peut-être besoin d'un délai supplémentaire pour réviser ou réorienter votre projet en fonction de votre exploration. Votre recherche sera sans doute plus longue, le temps par exemple de prendre des contacts dans votre nouveau secteur et de convaincre un recruteur de la pertinence de votre profil.
- Votre situation particulière ou vos difficultés. Relocalisation géographique, changement de statut, temps d'atterrissage après une séquence de travail intense ou un dénouement violent…, autant de situations qui vous demanderont peut-être des temps supplémentaires de digestion, d'information, de prise de contact.
- Votre expérience passée en matière de changements professionnels, et notamment le temps écoulé depuis la dernière fois que vous avez effectué un point sur votre carrière (démarrage de vie professionnelle, travail de bilan à l'occasion d'un changement de poste, coaching…).
- Votre degré d'aisance et votre pratique des étapes de recrutement. Votre CV est-il à jour ? Avez-vous un profil LinkedIn étoffé ? Avez-vous passé au moins deux entretiens au cours des trois dernières années ? Si ce n'est pas le cas, vous mettrez plus de temps à mettre votre campagne de recherche en route.

Muni de ces informations et après avoir pris en compte votre profil et vos contraintes :

- Prenez rendez-vous avec vous-même : **fixez-vous des plages de travail** qui vous conviennent (temps, lieu).
- **Prévoyez des dates butoirs** avec une note ou un rappel dans votre agenda : « À la fin du mois de mai, j'aurai fini mon portefeuille de compétences et le travail sur mes valeurs et mes besoins ».

Focus

Le temps de digérer

Burn-out, licenciement difficile ou après de nombreuses années au sein d'une même structure, changement personnel important : autant de cas parmi d'autres qui vous demanderont un temps de « digestion » des événements pour mieux rebondir. Suivant la complexité de votre situation et la manière dont vous vous sentez, parlez-en à un médecin du travail, un coach, un psychothérapeute et, surtout, engagez un travail pour vous libérer, faire votre deuil si besoin et avancer plus vite et plus légèrement ensuite. Vous pouvez commencer, si vous le souhaitez, votre démarche de réflexion professionnelle en parallèle.

Ajoutez également dans votre agenda toutes les autres démarches que vous souhaitez mener sans attendre, en plus des étapes proposées dans ce livre. Par exemple :

- Concoctez-vous un programme d'événements correspondant à vos centres d'intérêt et éventuels points faibles : tests de personnalité à planifier à l'avance, séminaires carrière, conférences métiers pour vous rafraîchir sur des sujets techniques…
- Apprenez, si besoin, à manier intelligemment moteurs de recherche et réseaux sociaux, qui vous seront d'une grande utilité lors de différentes étapes de votre démarche : outre les formations de mise à niveau et d'approfondissement auxquelles vous avez accès (par exemple, *via* une association, vos droits à la formation ou bien sur un salon spécialisé), pensez aux tutoriels et articles pratiques accessibles en ligne.
- Si vous appartenez à une association d'anciens élèves active, consultez le programme proposé et réservez dès maintenant les ateliers ou services qui vous intéressent.

Dernier conseil : si vous pensez déjà bien vous connaître – par exemple suite à un récent bilan de compétences – vous pouvez être tenté de sauter le travail de bilan (chapitres 2 et 3). Pourtant, il s'agit d'une étape essentielle qui servira de base à l'élaboration de votre nouveau projet et de votre argumentaire auprès des recruteurs. Vous aurez sans doute de la facilité à réaliser cette partie rapidement. Faites le test en parcourant le résumé indiqué p. 69.

À noter

Attendez d'avoir un projet solide avant de contacter les recruteurs et vos contacts professionnels les plus précieux, en particulier si vous êtes hors poste !

N'attendez pas pour entamer des démarches de longue haleine et/ou sans enjeu auprès de votre réseau. Par exemple, si vous ne vous sentez pas à l'aise avec les réseaux sociaux professionnels, organisez dès maintenant votre mise à niveau.

B. *Votre organisation matérielle*

Ce livre vous propose des outils de réflexion et des exercices qui vous seront utiles tout au long de votre démarche : centralisez vos notes sur un cahier ou dans un dossier de votre ordinateur suivant votre préférence.

Vous avez peut-être déjà des questions et des idées sur votre futur projet, et d'autres ne manqueront pas de se présenter tout au long de votre parcours. Mettez-les précieusement de côté en démarrant dès aujourd'hui **quatre listes** que vous pourrez enrichir et consulter au fur et à mesure de votre avancée :

- **Idées d'activités.** Plus elles sont précises, mieux c'est : au-delà des postes et des secteurs, n'hésitez pas à y indiquer des noms d'entreprise qui vous font rêver par exemple.
- **Indices sur ma future activité.** Listez ici toutes les caractéristiques qui vous viennent à l'esprit à propos de votre futur job pour qu'il soit motivant et épanouissant ! Là aussi, soyez aussi explicite que

possible : qu'est-ce pour vous qu'« un bon salaire » ou « un espace de travail agréable » ?

- **Questions.** Si vous en avez, mettez aussi par écrit les grandes interrogations et petites angoisses que génèrent votre carrière et votre démarche de changement. Vous pourrez vérifier que vous solutionnez les difficultés que vous aviez en tête au fil des étapes réalisées.
- **Idées de démarches de recherche et de networking.** Il peut s'agir de mettre à jour votre CV, reprendre contact avec tel ancien collègue, lire ces livres professionnels que vous aviez mis de côté, mettre à jour votre profil LinkedIn…

Méthode

Travailler à plusieurs ou avec un « work buddy »

Peut-être avez-vous dans votre entourage des contacts eux aussi en phase de réflexion professionnelle et dans une situation similaire à la vôtre : il peut alors être intéressant de prévoir des rendez-vous réguliers sur votre avancée. Par exemple :

- Un rendez-vous en face-à-face ou par téléphone une fois par semaine avec un « work buddy » (complice de travail) ou une fois par mois ou tous les 15 jours avec un groupe de 3 ou 4 complices : vous pourrez faire le point sur l'avancée de chacun pendant la période écoulée et sur vos objectifs de la période à venir.
- Une réunion plus ponctuelle sur un aspect en particulier : par exemple, écouter et améliorer le récit de quelques réussites ou élargir une liste de nouveaux postes possibles. Les occasions de travail à plusieurs les plus pertinentes vous seront signalées au fur et à mesure des étapes proposées.

N.B. : l'idée du collectif vous motive ? Consultez le descriptif de l'association AVARAP dans l'encadré « Se faire accompagner, quelques pistes » p. 68.

4. Test : pour quel type de changement êtes-vous prêt ?

Changer d'accord, mais encore ? Quel est votre état d'esprit vis-à-vis de cet objectif ? Faites le test suivant pour le savoir. Pour chaque question, cochez la réponse qui vous paraît correspondre le mieux à votre attitude.

1. **Votre job actuel** (ou dernier poste) :

   A : n'est plus totalement satisfaisant et vous vous sentez mûr pour passer à l'étape suivante.

   B : vous donne des boutons !

   C : n'est pas satisfaisant, mais pour l'instant vous vous posez beaucoup de questions pour la suite.

2. **Dans votre futur job, l'argent** :

   A : ne sera pas un problème puisque vous savez qu'il est autant, voire mieux rémunéré que votre poste actuel.

   B : ne sera pas un problème si vous êtes vraiment motivé par ce que vous faites !

   C : sera peut-être un problème si vous choisissez le type de postes que vous convoitez pour l'instant : ils n'ont pas l'air très bien payés.

3. **Pour vous, reconversion rime plutôt avec** :

   A : pas question ! (Vous aimez votre métier, pourquoi en changer ?)

   B : passion ! (Vivre enfin de ce que vous aimez !)

   C : questions ! (Pourquoi ? Pourquoi pas ? Pour quoi faire ? Comment s'y prendre ?)

4. **En termes de management d'équipe**, dans votre prochain poste :

   A : vous savez exactement ce que vous voulez et ne voulez plus !

   B : peu importe, ce qu'il faut c'est changer coûte que coûte !

   C : on verra, tout dépend du job et de votre motivation.

5. Que représenterait un gros changement professionnel pour **votre équilibre personnel** ?

   A : un bonus. Avec le job que vous visez, vous ne vous en porterez que mieux d'un point de vue financier et mental.

   B : une planche de salut.

   C : un challenge. Vous en avez parlé avec votre conjoint(e) et il/elle vous soutient dans votre démarche.

6. **Les compétences nécessaires pour votre futur poste** :

   A : vous les avez, et vous avez démontré ces dernières années que vous étiez prêt à passer à l'étape suivante.

   B : vous les avez peut-être… ou pas ! Qu'importe, du moment que vous quittez votre job actuel, elles suivront certainement !

   C : vous les avez… peut-être ! À vrai dire, vous ne savez pas au juste ce qui compte le plus pour les jobs qui vous font rêver.

7. **Vous envisagez de changer de poste** :

   A : dès que possible. Probablement d'ici six mois à un an, le temps de mettre en place votre démarche de recherche, d'informer votre réseau et de s'armer pour les étapes de sélection !

   B : demain, si possible.

   C : dès que vous y verrez plus clair.

8. **Où en est votre entourage à propos de votre projet de changement ?**

   A : si ce n'est déjà fait, vous envisagez d'informer bientôt votre réseau de votre projet d'évolution professionnelle.

   B : même votre concierge est au courant : vous ne pouvez pas supporter votre patron/employeur/job !

   C : vos amis plaisantent parfois gentiment : « Alors, toujours au même poste ? »

Additionnez vos réponses A, B et C et consultez le ou les profils pour lesquels vous avez coché le plus grand nombre de réponses.

A. Profil A. Le changement dans la continuité : « Je sais (et je connais) ce que je veux »

Au fond, vous êtes sans doute déjà au clair sur votre prochaine étape : gagner en responsabilité, manager, manager plus, ou plus du tout, intégrer l'entreprise de vos rêves, retrouver un poste similaire au vôtre avec de meilleures conditions matérielles… Vous avez une idée de ce que vous souhaitez faire, dans le prolongement de votre parcours actuel.

Votre portefeuille de réussites et de compétences (chapitre 2) vous permettra de valider votre projet et, plus tard, d'affûter vos arguments auprès des recruteurs. L'identification de vos valeurs et besoins (chapitre 3) vous aidera à préciser vos conditions idéales d'épanouissement. Ensuite, foncez au chapitre 6 : vous pourrez peut-être gagner du temps en précisant rapidement votre cible et en passant plus vite en phase de recherche active. Cependant, ne négligez pas les entretiens réseau qui vous permettront de valider que ce que vous visez est souhaitable et à votre portée et orienteront votre recherche de la manière la plus efficace.

B. Profil C. L'amorce d'un changement : « Je ne sais pas encore ce que je veux »

Ou encore : « J'ai bien quelques idées, mais je me demande si je n'idéalise pas trop ? »

Votre situation actuelle ne vous convient plus, mais vous ne savez pas encore vers quoi vous diriger : de nombreuses options sont ouvertes.

Comme conseillé ci-avant, démarrez dès maintenant une liste d'idées et d'envies de postes possibles que vous enrichirez au fur et à mesure. Prenez le temps de formuler vos réussites (chapitre 2), puis vos motivations et vos besoins (chapitre 3) : vous vous appuierez sur ces précieux éléments pour imaginer et construire votre nouveau projet (chapitre 4). Peut-être redoutez-vous la perspective de faire un choix ? Alors jouez le jeu pas à pas pour vous permettre d'avancer plus facilement.

C. Profil B. Tout sauf mon job actuel : « Je sais que je veux… changer ! »

Ce que vous savez, c'est que votre job actuel ne vous convient plus.

Peut-être votre situation est-elle inconfortable, voire invivable ? Si tel est le cas, restez vigilant, évaluez bien vos options. Faites-vous conseiller et/ou accompagner psychologiquement si besoin. Il faut se sentir suffisamment solide pour entreprendre un changement. Vous pouvez notamment consulter les encadrés « Le temps de digérer » p. 24, si les circonstances récentes ont été très difficiles, et « Se faire accompagner, quelques pistes » p. 68.

En parallèle de vos démarches personnelles pour retrouver votre équilibre et/ou dès vous vous sentez prêt à changer, entreprenez des actions concrètes. Voici quelques conseils :

- Veillez à formuler un objectif positif à partir de ce que vous savez ne plus vouloir (*cf.* votre travail sur l'objectif, p. 15)… Vous concentrer sur un but concret et atteignable est un bon point de départ.
- Votre appétit de changement est-il à la hauteur de votre difficulté à bouger ? Si vous ressentez un grand besoin de nouveauté, avec l'espoir que « l'herbe sera plus verte ailleurs », vous éprouvez peut-être en contrepartie des doutes et des questions légitimes. Là encore, utilisez le travail sur votre objectif en identifiant les risques liés au changement, même s'ils ne vous paraissent pas évidents de prime abord et que votre situation actuelle vous donne des boutons ! N'hésitez pas à noter les questions qui se présentent au fur et à mesure en vous demandant : « Comment puis-je y répondre ? »
- Suivez point par point les étapes proposées par ce livre : l'analyse de vos expériences passées réussies (chapitre 2) et de vos motivations (chapitre 3) vous aidera à préciser ce qui ne vous convient pas et à vous reconnecter avec ce qui vous attire. Faites un détour par l'encadré « Être bien dans son job, qu'est-ce que c'est » p. 66 qui vous offre un exercice accessible et utile pour hiérarchiser vos

besoins. Ainsi, vous pourrez construire un nouveau projet qui vous conviendra vraiment (chapitre 4).

- Enfin, si votre objectif s'annonce effectivement comme un bouleversement par rapport à votre situation actuelle (changement de statut, de poste et de secteur, délocalisation), n'hésitez pas à multiplier le nombre de rendez-vous réseau proposés au chapitre 5 afin de vous lancer en toute connaissance de cause et de débloquer vos appréhensions si nécessaire.

N.B. : vos réponses vous positionnent à cheval sur deux profils ? Peut-être vous sentez-vous limité par vos contraintes et votre calendrier. Avant de vous lancer, vérifiez que votre clarification d'objectif et votre planning de travail sont réalistes.

2 Formuler vos compétences à partir de vos principales réussites

Objectif : plonger dans votre passé pour en ramener des trésors (quinze à vingt réussites personnelles et professionnelles et toutes vos compétences phares).

Au programme : une narration, la construction de votre portefeuille de réussites (un tableau synthétique, à remplir à votre rythme), l'identification de vos compétences clés… et un peu d'entraînement à l'oral.

Le temps : cette étape est à soigner tout particulièrement afin de booster votre confiance en vous, choisir votre future évolution et bâtir votre argumentation auprès des recruteurs (CV, entretiens).

Idéalement, alternez vos sessions de travail autour de vos réalisations avec les exercices du chapitre 3 pour varier les activités, mais aussi vous laisser le temps d'intégrer la méthode proposée et d'approfondir votre réflexion :

- En poste : prévoyez quatre séances de deux heures de réflexion, rédaction et narration **minimum**.
- Hors poste : plutôt qu'un nombre d'heures, fixez-vous une date butoir et un planning afin que votre démarche reste dynamique. En tout, comptez entre deux et quatre semaines si vous alternez avec les exercices du chapitre 3.

Votre progression :

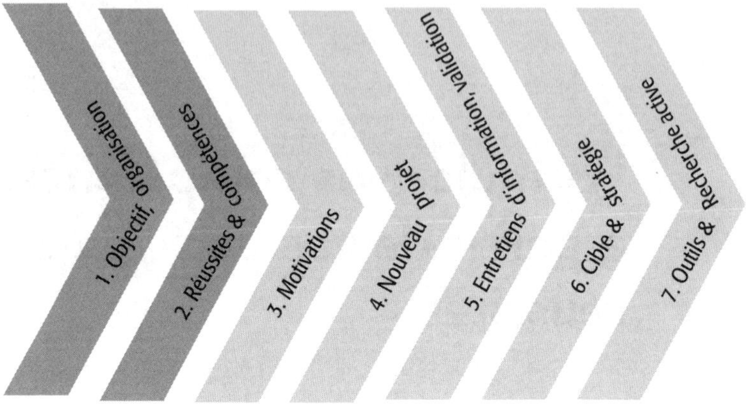

1. Décortiquer vos réussites : pour quoi faire ?

À l'issue de ce chapitre, vous aurez rédigé de manière structurée de petits récits issus de votre vie professionnelle et personnelle (nous emploierons à partir de maintenant le terme de « réussites » pour qualifier ces récits). À partir de situations où vous avez donné le meilleur de vous-même avec succès ou bien d'un problème très précis que vous avez eu à résoudre, elles racontent quelles actions vous avez menées et démontrent vos compétences associées.

Pourquoi se pencher de manière détaillée et systématique sur vos réussites ? Il s'agit de :

- **Rafraîchir votre mémoire** : avec le temps, le contexte, les dates exactes et les détails vivants de vos différentes expériences se sont peut-être un peu effacés. Vous allez pourtant avoir besoin d'éclaircir ces souvenirs pour mener à bien les prochaines étapes de votre mobilité professionnelle.

- **Identifier les compétences clés** dont vous avez fait preuve à chacune de ces occasions : vous en tirerez ainsi une **liste de compétences validées**, que vous avez déjà utilisées au cours de votre vie.
- **Vérifier que vous avez tous les atouts en main pour mener à bien votre projet d'évolution** : vous comparerez vos compétences à celles attendues dans le métier et/ou secteur que vous envisagez.
- **Convaincre un recruteur** de votre valeur ajoutée et de votre adéquation à votre futur poste en lui racontant en quelques secondes un exemple concret qui répondra à ses interrogations.
- **Faire ressortir de votre parcours** une constellation de moments clés positifs, un réservoir de **confiance en soi** !

2. Analyser les composantes d'une réussite

Choisissez l'une de vos réussites des cinq dernières années, qu'elle soit professionnelle ou personnelle, par exemple un projet dont l'aboutissement vous a donné une satisfaction toute particulière.

Prenez quelques instants pour vous remémorer cette expérience. Appuyez-vous, s'il le faut, sur le questionnement classique pour faire émerger les détails de votre mémoire : Qui ? Quoi ? Où ? Quand ? Comment ? Combien ? Pourquoi ?

A. *Grille d'analyse*

Structurez vos souvenirs à l'aide de la trame suivante[1]. À chaque étape, procédez comme si vous racontiez cette expérience à un ami ne connaissant pas l'univers professionnel ou personnel dont il est question et décrivez-lui en termes simples chaque élément de votre histoire :

1. **Situation** – En quelle année a eu lieu cette expérience ? Dans quel poste ou contexte vous trouviez-vous ? Plantez le décor : « On est

1. Inspirée notamment des méthodes STAR et SOARA utilisées par les recruteurs et les candidats pour se préparer aux entretiens d'embauche.

en 2014, je suis alors directeur de projet chez ABCD, société de conseil digital».

2. **Travail à accomplir** – Quel était le problème ou la situation ? Quel était votre objectif ? Y avait-il des difficultés particulières ou un défi à relever, liés au contexte (des délais particulièrement serrés, des conditions adverses…) ou à vous-même (par exemple, si vous étiez novice sur ce sujet) ? Vous pouvez aussi préciser l'enjeu ou l'importance de votre mission : demandez-vous ce qu'il se serait passé si vous ne l'aviez pas menée à bien.
3. **Actions menées** – Qu'avez-vous accompli pour remplir votre mission ? Décrivez précisément les actions réalisées.

   Attention, en cas de projet mené à plusieurs, concentrez-vous sur votre action personnelle, qu'il s'agisse de la prise en charge d'une portion précise d'un projet plus vaste (« En charge de la partie communication, j'ai… ») ou de votre participation à un travail en équipe : « J'ai participé à… en réalisant… », « J'ai conduit/animé/conçu… avec… (deux collègues, telle personne) » ou « en lien quotidien avec… (le directeur marketing, le service achats) ».
4. **Résultats obtenus** – Sur quels résultats a débouché votre intervention ? Vente additionnelle, conquête d'un client, développement d'une innovation, optimisation d'un procédé, réduction des coûts, respect des délais ou durée de réalisation record, remise d'un document en bonne et due forme… Parfois, le simple fait d'y être arrivé est une réussite. Prenez également en compte les indicateurs de succès : appréciation qualitative des supérieurs, clients, collègues, reconnaissances internes… Bref, une ou des « preuves » de votre réussite, quelles que soient leurs formes.
5. **Compétences, qualités & co** – Quelles compétences avez-vous apprises, développées ou sollicitées à cette occasion ? Décrivez-les sous forme de verbes contextualisés avec suffisamment de précision. Par exemple : « Concevoir une stratégie de diversification dans le secteur de la mode », « Animer des formations pratiques (de cinq à dix managers juniors) », « Rédiger des procédures techniques

applicables sur un chantier». Réfléchissez en terme de «capacité à...» suivie d'un verbe et d'un complément ou contexte.

Vous pouvez indiquer en complément une qualité (par exemple la ténacité) et/ou une expertise technique (comme la pratique du logiciel Photoshop) mobilisée lors de cette expérience.

Voici la matière de votre première réussite! Avant de la retranscrire dans votre portefeuille de réussites, relisez vos notes et vérifiez que vous avez bien indiqué les éléments suivants:

- Des actions que vous avez réalisées personnellement, décrites par des verbes d'action.
- Des éléments factuels: durées, chiffres, noms concrets...
- Au moins trois compétences utilisées lors de cette expérience réussie.

Focus

«Des **réussites**, je n'en ai pas (ou pas beaucoup), comment faire?»

Le terme «réussite» ne s'applique pas uniquement aux victoires totales et médiatisées! Notre éducation ne nous a pas forcément appris à tous à nous valoriser avec mesure et bienveillance. Voici quelques pistes pour vous aider à démarrer:

- Remémorez-vous des **moments de fierté**, lorsque vous avez été félicité, récompensé: il y a forcément une ou plusieurs réussites derrière...
- Souvenez-vous aussi des **moments de soulagement**, notamment après avoir terminé une tâche ou un projet délicat, dont l'issue était incertaine. Parfois, une réussite consiste simplement à respecter des délais serrés ou à franchir un obstacle. Quels problèmes avez-vous surmontés dans votre vie?
- Commencez par le **domaine personnel, scolaire, associatif ou sportif** si c'est plus facile pour vous. Ne choisissez que des réussites que vous pourrez raconter sans problème à un parfait inconnu, un recruteur par exemple. Le récit de votre épineux divorce ne conviendra peut-être pas!

- Commencez par le **domaine personnel, scolaire, associatif ou sportif** si c'est plus facile pour vous. Ne choisissez que des réussites que vous pourrez raconter sans problème à un parfait inconnu, un recruteur par exemple. Le récit de votre épineux divorce ne conviendra peut-être pas !
- Dans le domaine professionnel, pensez aux **missions transversales** à votre poste, même si elles vous semblent accessoires : organisation d'un séminaire, animation de formations, participation à un groupe de réflexion commun à plusieurs départements... Elles offrent des occasions d'illustrer vos compétences de management et/ou de travail en équipe.
- Le terme de réussite sous-entend un résultat positif, mais ne mettez pas de côté des réussites que vous interprétez en échec en confondant le résultat de la tâche qui vous était impartie et l'issue globale du projet. Par exemple, chef de projet dans un département marketing, vous avez conçu en trois jours une présentation sur un nouveau produit complexe. Le directeur commercial l'a trouvée claire et pédagogique et l'a utilisée immédiatement auprès d'un important prospect. La vente ne s'est pas réalisée suite au rendez-vous, mais elle ne dépendait pas de votre seul travail. Vous pourrez indiquer, en complément, que cet épisode a fait prendre conscience au directeur commercial de la nécessité de former toute l'équipe commerciale sur les sujets techniques.

  Une « happy end » est toujours agréable à raconter et à entendre, mais n'arrive pas toujours dans la vraie vie, surtout professionnelle, et les recruteurs le savent bien.
- Vous étiez **hors poste** ces dernières années ? Réfléchissez à ce que vous avez réalisé pendant cette période (plan personnel, vacances, activités sportives ou associatives...) pour trouver suffisamment de réussites « fraîches ».
- **Visez juste** : un diplôme, un projet de plusieurs mois, une mission comprenant des difficultés techniques et humaines... recouvrent en réalité plusieurs réussites différentes.

- Vous pouvez aussi **analyser un échec** et identifier les compétences que vous avez (quand même) utilisées à cette occasion pour en limiter les conséquences : c'est même un exercice de lucidité recommandé qui peut s'avérer utile lorsqu'un recruteur vous demande de lui raconter un échec. Néanmoins, réservez ce type d'exemple à un deuxième temps. Faites d'abord de votre portefeuille de réussites un moteur à confiance en vous dans lequel vous serez content de vous replonger, par exemple à la veille d'un entretien important.

B. Zoom sur les compétences

Parmi ces éléments, soignez particulièrement l'identification de vos compétences. Ce sont elles qui composent la description et le quotidien d'un poste tâches : elles vous permettront de valider la cohérence et la crédibilité de votre profil avec votre future activité.

Qu'est-ce qu'une compétence ? Nous retiendrons ici une définition simple et ancienne pour éclairer notre propos : une compétence est un « **savoir-faire opérationnel validé**[1] ».

Les aspects à souligner dans cette définition sont :

- Savoir-faire : à traduire par un **verbe d'action**.
- Opérationnel : une compétence telle qu'elle est attendue par un employeur, **orientée vers l'objectif d'un travail à accomplir**.
- Validé : donc **vérifiée par l'expérience**, comme l'illustre le portefeuille de vos réussites.

Concrètement, il vous faut formuler des compétences **précises et contextualisées** (avec un domaine, un périmètre, une dimension), mais **élargies en savoir-faire**. Elles dépassent le cadre des circonstances de votre réussite et seront donc pour certaines transférables, c'est-à-dire applicables à d'autres domaines.

---

1. ACAP 2000, accord Usinor-Sacilor signé en 1990.

Exemples :

- Si vous avez convaincu votre DG, vous n'écrirez pas « Convaincre mon DG ou un DG », mais « Convaincre un dirigeant ».
- Si, en tant que responsable achats, vous avez réorganisé votre équipe, écrivez plus volontiers « Réorganiser une équipe commerciale (de dix personnes) » que « Réorganiser une équipe achats » (sauf si votre exemple porte sur les spécificités de la fonction achats).
- Vous pensez que l'une de vos expériences démontre votre capacité à rédiger ? Mais s'agit-il de rédiger pour le Web, de rédiger un article de journal, un article scientifique, une note pour un élu, un appel d'offres, un mode d'emploi technique ?

Reportez-vous au tableau p. 41 pour visualiser des exemples de réussites formalisées.

3. Bâtir votre portefeuille de réussites

A. Organiser vos réussites de manière efficace

Pour synthétiser vos expériences et pouvoir ensuite les utiliser de manière fluide, il est recommandé de les présenter sous forme d'un tableau ou de courts paragraphes très structurés selon les composantes présentées plus haut.

■ Exemples et commentaires

Pour une lisibilité maximum, votre tableau sera présenté au format paysage. Voici quelques exemples de réussites rédigées par des personnes différentes.

Situation (contexte, date ou année, lieu)	**Travail à accomplir** (objectif, mission, difficulté, enjeu)	**Actions menées**	**Résultats obtenus** (chiffrés si possible)	**Compétences, expertises et qualités** (au moins 3)
2013, nouvellement embauché chez XYZ, SSII, en tant que chef de projet	Je réalise que mon niveau d'anglais est insuffisant. Bien préparé pour l'entretien de recrutement, j'ai donné le change, mais au bout de 6 semaines, je vis une réunion particulièrement désagréable avec un client anglais auprès de qui j'ai du mal à obtenir les informations dont j'ai besoin. Heureusement, mon chef n'est pas présent ! Je suis toujours en période d'essai : je dois améliorer mon niveau d'anglais au plus vite !	Le soir même, j'appelle un ami qui travaille en Angleterre depuis 15 ans : je rectifie avec lui les expressions qui m'ont posé problème au cours du rendez-vous. Je visualise une dizaine de courtes vidéos techniques en anglais et m'abonne à 2 newsletters du secteur. J'écoute les infos de la BBC plutôt que France Inter ! Le surlendemain, après avoir bien préparé mon entretien, je recontacte le client sous le prétexte de précisions pour obtenir les informations qui me manquent. J'adhère à une association centralisant des demandes d'échange de conversations en langues et m'organise une session chaque semaine pendant 2 mois.	Le projet se déroule sans incident et mon contrat de travail est confirmé. 6 mois plus tard, mon chef m'attribue un deuxième projet en environnement anglo-saxon, australien cette fois ! Grâce aux échanges de conversations, je me lie avec 2 expatriés qui deviennent des amis.	Capacités à : • Faire preuve de lucidité, de réactivité. • Identifier des personnes ressources. • Trouver des solutions pragmatiques. Expertises : mon niveau d'anglais professionnel... aujourd'hui.

Situation (contexte, date ou année, lieu)	**Travail à accomplir** (objectif, mission, difficulté, enjeu)	**Actions menées**	**Résultats obtenus** (chiffrés si possible)	**Compétences, expertises et qualités** (au moins 3)
Automne 2011, à Paris, je suis responsable marketing du groupe ABCD, fabricant et distributeur textile. Je prépare le budget 2012.	Mission : réaliser une présentation pour convaincre l'actionnaire d'investir dans la création d'un site de vente en ligne. Enjeu : prendre position. Encore peu de concurrence sur notre secteur. Difficulté : l'actionnaire et le DG de la filiale qui présentera le dossier ne connaissent pas le Web. Le contexte économique de l'entreprise n'est pas forcément favorable pour un projet qui demande 80 k€ d'investissement et 2 ans de mise en route pour avoir une chance de devenir rentable.	Je benchmarke la concurrence et les sites américains, je recherche des données chiffrées sur le marché. Je fais le tour des interlocuteurs internes et externes pour évaluer la marche à suivre, les coûts et le CA potentiel. Je monte un mini-business plan, sur 3 ans avec une option restreinte mais réaliste. Je rédige un dossier synthétique de 5 pages. J'accompagne le DG dans sa préparation en lui donnant toutes les clés pour présenter le dossier.	L'actionnaire accepte. Je suis chargée de superviser la création du site et la toute petite équipe interne. (Un an plus tard, le site est en ligne et devient rapidement un succès, mais c'est une autre histoire…)	Capacités à : • Analyser une opportunité de marché, la saisir. • Imaginer une activité à partir de rien. • Monter rapidement un business plan. • Rédiger et présenter un dossier convaincant, chiffré. • Expliquer les nouvelles technologies (pédagogie). • Convaincre un dirigeant ou un actionnaire. Expertises : connaissances du secteur Web.

Situation (contexte, date ou année, lieu)	**Travail à accomplir** (objectif, mission, difficulté, enjeu)	**Actions menées**	**Résultats obtenus** (chiffrés si possible)	**Compétences, expertises et qualités** (au moins 3)
En 2012, chez CQFD, grosse PME du secteur automobile, je suis promu responsable au sein du contrôle de gestion.	Mon équipe (composée de 5 personnes) est mal considérée en interne. Mes anciens collègues n'approuvent pas tous ma nomination comme chef. Leur mécontentement et leur manque d'implication se manifestent par des retards répétés. Je veux réussir ma prise de poste et redynamiser l'équipe.	Je fais le tour des attentes précises de ma direction et des directions opérationnelles. Je remets à plat les descriptions de poste et les objectifs de chacun en collaboration avec l'adjoint aux ressources humaines. Je présente à l'équipe les attentes du reste de l'entreprise (dont notre présence à certains horaires !) et fixe de nouveaux objectifs centrés sur ces attentes plutôt que sur des objectifs individuels ou du service. Je responsabilise chaque membre de l'équipe avec des missions renforcées auprès d'une ou plusieurs directions. J'institue des réunions d'équipe mensuelles, suivies de déjeuners informels.	1 an plus tard, l'équipe est aujourd'hui reconnue en interne pour sa performance. Nous réduisons au passage le délai de reporting d'un jour. Les membres de mon équipe reconnaissent mes compétences de manager et je suis particulièrement fier de leur ponctualité…, sans avoir fait aucune remarque directe sur ce point.	Capacités à : • Analyser une situation d'insatisfaction et d'insuffisance. • Solliciter et recueillir des attentes. • Réorganiser une équipe (5 personnes). • Promouvoir le changement, convaincre, remotiver. • Savoir se faire respecter en douceur.

Situation (contexte, date ou année, lieu)	**Travail à accomplir** (objectif, mission, difficulté, enjeu)	**Actions menées**	**Résultats obtenus** (chiffrés si possible)	**Compétences, expertises et qualités** (au moins 3)
2014, comme chaque année en juillet, nous organisons une grande fête à la maison.	À chacune de ces fêtes, je réalise un repas pour tout le monde. Cette fois, 70 personnes s'annoncent ! Je décide de faire un couscous, plat familial que je maîtrise bien… dans des quantités ordinaires !	J'extrapole les quantités pour 70 personnes à partir de mon expérience. Je planifie l'approvisionnement en légumes, viande et semoule. Je rassemble le matériel nécessaire auprès d'une vingtaine de personnes. Je planifie le déroulement des opérations et sollicite l'aide de 2 personnes pour la réalisation. Je réalise toutes les étapes d'épluchage et de cuisson la veille avec l'aide de ces 2 personnes.	Tout le monde a pu manger du couscous ! Et il a été apprécié par mes invités.	Capacités à : • Planifier et coordonner un projet en temps limité. • Extrapoler. Organiser et réaliser une tâche de grande ampleur à partir d'une expérience en format réduit. • Solliciter et superviser de l'aide. • S'adapter, faire preuve de ressources. • Relever le défi (si l'objectif me motive. J'aime accueillir tout le monde le mieux possible.)

Situation (contexte, date ou année, lieu)	**Travail à accomplir** (objectif, mission, difficulté, enjeu)	**Actions menées**	**Résultats obtenus** (chiffrés si possible)	**Compétences, expertises et qualités** (au moins 3)
Conseils	**Si votre récit est trop long, 2 possibilités s'offrent à vous :** • **Vous pouvez synthétiser votre réussite en améliorant votre rédaction et/ou en « zoomant » sur les aspects les plus marquants et faciles à expliquer.** • **Votre expérience comporte peut-être plusieurs aspects à traiter sous forme de 2 ou 3 réussites différentes.**	**Présentez toutes les actions que vous avez réalisées sous forme : « Je » + verbe d'action.**	**Donnez les résultats les plus factuels possibles, idéalement chiffrés.** **Exemple : comment ou à quelle occasion la satisfaction du client s'est-elle exprimée concrètement ?**	**Formulez les compétences précisément avec un verbe et un complément, un contexte ou un dimensionnement.** **Par exemple, vous êtes capable de rédiger : un contrat pour le Web ? un communiqué de presse ?** **Indiquez en complément des qualités et/ou des expertises techniques.**

Conseils d'organisation et de rédaction

Voici quelques étapes à suivre :

- Créez votre propre trame dans un traitement de texte et reportez-y ensuite les notes qui concernent votre première réussite.
- Présentez vos réussites en commençant par la plus récente et remontez dans le temps ; cela ne vous empêche pas d'adopter un ordre différent pour les rédiger.
- Si c'est plus facile pour vous, commencez par formuler des réussites personnelles : réussite sportive, implication associative, changement domestique, pratique culinaire... Veillez juste à choisir des thèmes et des histoires que vous n'aurez aucun problème à aborder devant un inconnu.
- Faites en sorte qu'au moins deux tiers de vos réalisations concernent le domaine professionnel, en particulier sur les cinq à dix dernières années ; ce sont celles qui intéressent en priorité les recruteurs.
- Relisez et améliorez chaque réussite. Insistez sur les faits significatifs de votre récit en utilisant des termes forts et dynamiques, soyez le plus synthétique et le plus clair possible.
- Évitez les réussites trop longues : sélectionnez les aspects les plus marquants ou scindez une réussite longue en deux réussites courtes portant sur des thèmes différents. De même, évitez les expressions du type « j'ai été amené à... », « j'ai pu réaliser... », qui camouflent votre intervention.
- Une fois vos deux ou trois premières réussites rédigées, suspendez votre rédaction le temps de tester cette première production à l'oral (en vous enregistrant ou en sollicitant l'écoute d'un ami, *cf.* encadré ci-après) afin de vérifier que vous êtes sur la bonne voie.
- Enfin, **évitez la répétition de réussites mettant en jeu les mêmes compétences** : préférez des expériences variées illustrant la palette de votre savoir-faire. Au besoin, recherchez les exemples qui illustrent les compétences que vous listeriez spontanément.
- Rédigez quinze à vingt réussites au minimum.

Méthode

Pour convaincre, parlez concret !

Pour démontrer vos compétences et qualités, vous ne pourrez pas toujours proposer des réussites fulgurantes et c'est bien normal ! En revanche, vous allez pouvoir amener des **preuves de réalisation** sous la forme de faits les plus précis et contextualisés possibles :

- Enrichissez votre rédaction de données et de chiffres allant au-delà du seul résultat. Même s'il s'agit de petits nombres, ils permettent à votre interlocuteur de vous visualiser en train d'agir et rendent ainsi votre récit plus convaincant. Là où vous avez écrit « quelques », « certains » ou « un peu », demandez-vous si vous ne pouvez pas plutôt quantifier par des chiffres. Par exemple : « J'ai recruté des stagiaires » donne « J'ai recruté 3 stagiaires » ; « J'ai négocié d'importants contrats » donne « J'ai négocié 2 contrats d'un montant supérieur à 100 k€ ».
- Donnez à voir précisément le contexte de votre action, l'univers dans lequel vous évoluiez et les interlocuteurs avec lesquels vous avez travaillé. Plutôt que de désigner ces derniers par des expressions génériques comme « un client », « un partenaire », utilisez des noms lorsque cela est possible et souhaitable (par exemple, une grande marque connue de tous dont le nom sera un repère pour vos interlocuteurs). Lorsque ce n'est pas possible, qualifiez-les : « un partenaire historique », « notre plus gros client » ou « une marque du secteur de la grande consommation ».
- Racontez une histoire, détaillez votre action à l'aide de termes simples et imagés. Bannissez le jargon trop pointu et les termes propres à votre entreprise qui risquent de ne pas être compris par tous vos interlocuteurs.
- Souvenez-vous de cette règle d'or : « Je + verbe d'action ». Elle rendra votre action immédiatement visible aux yeux de vos interlocuteurs.

B. Passer du tableau au récit

Vos réussites n'ont pas vocation à rester couchées sur le papier, mais sont destinées à soutenir vos entretiens d'information puis de recrutement, entre autres usages. Habituez-vous dès maintenant à les raconter. En vous entraînant régulièrement tout au long de votre démarche, vous serez de plus en plus à l'aise pour les manier. En outre, l'entraînement oral que nous vous proposons vous permettra de valider votre travail :

- Prévoyez un dispositif pour vous enregistrer (tous les smartphones et ordinateurs récents proposent des dictaphones ou applications d'enregistrement).
- Minutez vos récits et visez deux minutes d'exposé par réalisation. Dans une conversation, deux minutes d'écoute ininterrompues sembleront peut-être déjà longues à votre interlocuteur !
- Pour passer de l'écrit à l'oral en respectant ce temps réduit, vous serez peut-être amené à simplifier certaines parties ou à vous concentrer sur un nombre d'actions plus restreint. Veillez à rester intelligible même pour quelqu'un qui ne connaîtrait pas le contexte de l'expérience que vous lui racontez.
- Écoutez votre prestation enregistrée et vérifiez que :
  - vous utilisez bien « Je + un verbe d'action » pour décrire vos actions ;
  - vous ne dépassez pas deux minutes. Vous pouvez également pratiquer des résumés de 30 secondes, par exemple, dont l'objectif sera de donner envie à votre interlocuteur de vous en demander plus ;
  - vous utilisez des mots concrets, des chiffres, des noms précis et compréhensibles pour un non-spécialiste ;
  - vous exprimez clairement le résultat de votre action ; il est concret et, si possible, chiffré ;

- vous reliez au moins quatre compétences à chaque expérience (« À cette occasion, j'ai su…, j'ai fait preuve de… ») et que ces compétences sont précises et contextualisées (*cf.* ci-après).

- Une fois que vous vous êtes entraîné à deux ou trois reprises, sollicitez une oreille bienveillante autour de vous pour écouter quelques-uns de vos récits. Demandez à votre interlocuteur :
  - de vérifier elle-même les points précédents ;
  - les éléments qu'il a trouvés convaincants dans ce récit ;
  - les éléments à améliorer en priorité.

C. Affiner vos compétences, qualités & co

■ Compétences, qualités, talents…

Dans le cadre de votre démarche de mobilité, tout ce qui vous **distingue** est intéressant, que ce soit pour mieux vous connaître, construire votre prochain projet professionnel ou convaincre un recruteur, c'est-à-dire :

- vos **talents** naturels (vous avez l'oreille musicale) ;
- vos **aires d'expertise technique** (vous vous êtes autoformé sur les deux principaux logiciels grand public de création musicale, que vous pratiquez régulièrement) ;
- vos **compétences** (vous êtes capable de créer des morceaux originaux de rock... puisque vous l'avez déjà fait plus de vingt fois) ;
- vos **qualités** et, pourquoi pas, vos **défauts** (vous êtes tenace) ! Etc.

Tous ces aspects de vous-même sont pertinents pour votre démarche, à condition d'avoir pour chacun identifié au moins une expérience au cours de laquelle vous l'avez manifesté.

■ Liste de verbes pour formuler des compétences

Il s'agit bien sûr d'une liste non exhaustive dont chaque verbe est, comme expliqué précédemment, à contextualiser.

Chercher, Sonder, Analyser, Diagnostiquer, Calculer, Concevoir, Étudier, Examiner, Expérimenter, Adapter, Améliorer…	Concevoir, Imaginer, Dessiner…
Réaliser, Produire, Concevoir, Dessiner, Édifier, Valider, Appliquer, Effectuer, Équiper, Entretenir, Mettre à jour, Maintenir, Veiller, Stocker…	Développer, Lancer, Créer, Commercialiser, Implanter, Élargir, Promouvoir, Accroître, Conquérir, Déclencher, Progresser, Stimuler…
Négocier, Vendre, Convaincre, Acheter, Analyser, Approvisionner, Cibler, Élaborer, Prospecter, Tarifer…	Organiser, Trier, Sélectionner, Structurer, Répartir, Centraliser, Ordonner, Documenter, Aménager, Planifier, Préparer, Programmer, Anticiper, Arranger, Établir…
Communiquer, Dialoguer, Écouter, Accueillir, Prendre en compte, Informer, Influencer, Sélectionner, Interviewer, Traduire, Persuader, Rédiger, Exprimer, Formaliser…	Manager, Diriger, Mener, Animer, Conduire, Coordonner, Déléguer, Guider, Motiver, Orienter, Piloter, Présider, Impulser…
Décider, Analyser, Arrêter, Choisir, Conclure, Déterminer, Éliminer, Fixer, Opter, Régler, Résoudre, Trancher…	Administrer, Classer, Inventorier, Assister, Maintenir, Recenser, Enregistrer…
Optimiser, Améliorer, Arranger, Rentabiliser, Réparer, Moderniser, Relancer…	Contrôler, Auditer, Vérifier, Diagnostiquer, Apprécier, Détecter, Évaluer, Réguler, Surveiller…
Gérer, Chiffrer, Anticiper, Prévoir, Compter, Comptabiliser, Budgéter, Consolider, Amortir, Équilibrer, Assainir, Rentabiliser, Exploiter, Gagner, Investir, Optimiser…	Former, Animer, Transmettre, Conseiller, Entraîner, Sensibiliser, Apprendre…

Familles de compétences

Une fois votre portefeuille de réussites rédigé et vos compétences affinées, parcourez ces dernières et rassemblez-les par famille. Vous allez peut-être pouvoir réunir certains verbes, par exemple calculer, contrôler, rectifier et suivre, sous une appellation plus large, ici « gérer ». Cet exercice vous permet de prendre conscience de vos aires d'expertise. Néanmoins, conservez la variété des verbes utilisés au fil de votre rédaction : ils élargissent le champ de vos compétences.

À l'inverse, si un verbe revient de manière répétée, c'est qu'il représente effectivement l'une de vos familles de compétences. Retenez ce segment large de compétences, mais tâchez pour chacune de ses occurrences dans votre portefeuille de réussites de préciser à l'aide d'un verbe différent la compétence exacte qui a été mise en œuvre, avec son contexte ou son périmètre. Par exemple, le terme « ajuster » utilisé de façon répétitive peut recouvrir : adapter aux contraintes, affiner, parfaire, améliorer, finaliser, synthétiser…

À noter

En précisant vos compétences et en affinant votre vocabulaire, vous enrichissez votre palette pour rendre plus visible le vaste champ de vos compétences et expertises.

Votre portefeuille de compétences

Une fois vos réussites rédigées, dressez votre portefeuille de compétences (éventuellement sous forme d'un tableau de deux colonnes). Il comprendra toutes vos compétences ordonnées par famille (colonne de gauche) appuyées des expériences qui en sont des preuves ou des illustrations (colonne de droite).

Enfin, sélectionnez :

- **vos dix compétences clés** : pour rappel, utilisez des verbes contextualisés avec un complément, un contexte et/ou un dimensionnement. En l'occurrence, ce sont les compétences les plus marquées et, idéalement, celles que vous avez plaisir à utiliser.
- **vos cinq qualités phares**.

Retenez cette sélection pour la synthèse de votre bilan à venir.

4. En synthèse : premières utilisations pratiques

Vous avez rédigé quinze à vingt histoires à partir de votre expérience, voire plus ? Pris le temps d'affiner leur formulation, notamment celle de vos compétences ? Pratiqué un ou deux premiers récits à l'oral, devant un ami ou seul face à votre smartphone ? Réfléchi à vos familles de compétences ?

Bravo ! Vous voilà à la tête d'un solide portefeuille de réussites et de compétences, qui va nourrir chaque étape suivante de votre démarche : identification de vos motivations, construction de votre nouveau projet, réalisation d'outils de communication convaincants (CV, lettre…), préparation aux entretiens de recrutement.

Ne laissez pas dormir ce trésor ! Tout en poursuivant votre travail, vous pouvez par exemple :

- **Vous entraîner à l'oral** et solliciter vos proches pour obtenir un feedback. Vous pouvez aussi raconter ces réussites « à l'envers », en partant de vos compétences.
- Utiliser une réussite en particulier pour **nourrir la rédaction d'un pitch** concret et convaincant que vous testerez lors d'une rencontre professionnelle (*cf.* p. 124).
- **Noter ou surligner les réussites qui vous ont apporté le plus de satisfaction**, et vous demander pourquoi. Nous apporterons au chapitre suivant un éclairage sur vos sources de motivation et vous pourrez vous appuyer sur elles tout au long de votre démarche d'introspection pour vérifier que vous avez au moins un exemple concret dans lequel vous avez illustré l'une de vos valeurs ou l'un de vos besoins clés.
- Continuer à **enrichir vos réalisations au fil du temps**, surtout si votre démarche de bilan et de recherche s'étale sur plusieurs mois.

Une fois l'exercice intégré, la capacité à raconter de manière efficace vos expériences devient un savoir-faire susceptible de vous resservir toute votre vie. Un conseil : balayez l'année écoulée chaque mois de décembre ou janvier pour identifier les nouvelles réussites qu'il est possible d'ajouter à votre collection. N'oubliez pas de noter les chiffres et points de contexte qui rendront votre récit vivant et que vous risquez d'oublier par la suite.

Focus

« SOS, je n'avance pas » : améliorer sa gestion du temps

Vous n'arrivez pas à démarrer ? Vous ne respectez pas les délais que vous vous êtes fixés ? Quelques pistes peuvent vous aider :

- **Revoir votre objectif** : faites ou refaites maintenant l'exercice proposé p. 15. Insistez particulièrement sur l'aspect « écologie » (point e.) : votre objectif est-il compatible avec le reste de votre vie, avec votre vie personnelle, votre situation actuelle, vos autres projets ?
- **Régler d'éventuels problèmes parasites** : peut-être avez-vous besoin d'un peu de temps et de réflexion pour digérer une étape difficile professionnellement ? N'hésitez pas à entreprendre un travail si cela est nécessaire : il ne vous empêchera pas de poursuivre votre réflexion professionnelle (*cf.* l'encadré « Le temps de digérer » p. 24).
- **Réviser votre planning** : avez-vous bien considéré la réalité de votre agenda actuel et du temps dont vous disposez ? Rappelez-vous que les séquences de temps indiquées pour chaque étape sont indicatives et évaluées au strict minimum. Prenez en compte votre agenda et vos habitudes et relisez les conseils p. 21 pour mieux évaluer le temps à consacrer à chaque étape.
- Au besoin, **intéressez-vous à votre gestion du temps et consultez quelques ressources**. Nous recommandons :
  - une méthode basique : la technique Pomodoro de gestion du temps (vous trouverez de nombreux articles sur Internet) ;
  - un livre pragmatique : *Concentrez-vous sur l'essentiel* de Jurgen Wolff, paru aux éditions Marabout ;
  - un petit truc : définissez une tâche à accomplir en priorité et en premier pour chaque jour ou session de travail sur votre projet carrière, celle qui fait le plus avancer votre projet (pour plus d'informations, googlisez One task ou lisez *La semaine de 4 heures*[1]).

1. Timothy Ferriss, *La semaine de 4 heures : Travaillez moins, gagnez plus et vivez mieux !*, Pearson, 2010.

3. Identifier vos motivations

Objectif de cette phase : mieux vous connaître avec vos valeurs, vos centres d'intérêt, vos environnements de travail préférés et vos besoins, autant de sources de motivation.

Au programme : quatre thématiques de réflexion sur les composantes de votre personnalité et vos valeurs. Vous pouvez alterner avec les sessions de rédaction puis d'entraînement autour de votre portefeuille de réussites du chapitre 2.

Le temps : Trois séances de deux heures minimum. Si vous souhaitez réfléchir en profondeur à vos motivations, composantes essentielles de votre changement professionnel, l'idéal est d'y consacrer un peu plus de temps et, surtout, de travailler en plusieurs fois pour décanter et enrichir votre réflexion. Alternez avec les exercices du chapitre 2 sur deux à quatre semaines.

Votre progression :

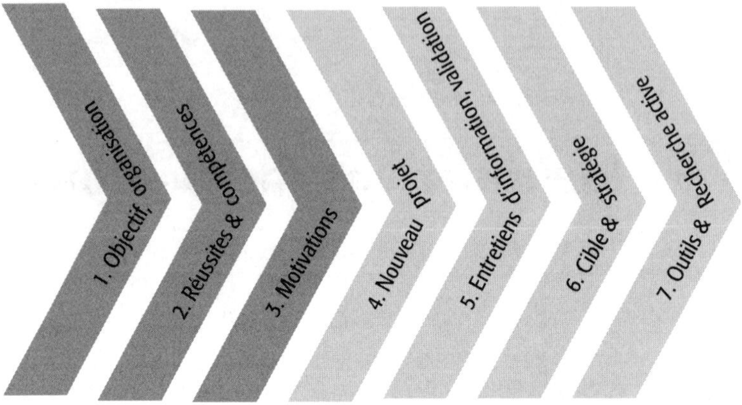

1. Vos valeurs

A. Qu'est-ce qu'une valeur ? Pourquoi sont-elles importantes ?

Altruisme, audace, bon sens, créativité, professionnalisme… Outre vos compétences ou vos faits d'arme professionnels, vos valeurs personnelles font partie intégrante de votre identité. **Elles sont la source de votre motivation.**

Dans le domaine professionnel, plus le projet sur lequel vous travaillerez, l'équipe et l'entreprise dans laquelle vous évoluerez seront en adéquation avec vos valeurs personnelles, plus vous serez « en phase » avec votre environnement, et plus vous vous sentirez « bien ». On parle parfois d'« alignement ».

A contrario, une situation qui enfreint l'une de vos valeurs essentielles peut vous laisser un sentiment de malaise profond, sans même que vous en connaissiez précisément la cause.

D'où l'intérêt de bien identifier vos valeurs personnelles. Aujourd'hui, elles peuvent vous permettre de mieux comprendre vos choix passés, le pourquoi des points hauts et points bas de votre parcours. Plus tard, votre projet, mais aussi l'environnement de travail et l'entreprise que vous choisirez seront idéalement en harmonie avec elles pour vous permettre d'avancer avec aisance.

B. Les identifier

Quelles sont vos valeurs fondamentales ? Pour vous aiguiller plus tard dans le choix de votre activité, listez puis hiérarchisez vos valeurs privilégiées :

- Vos valeurs ressortent en filigrane de vos réalisations (*cf.* chapitre 2), vous en avez peut-être cité certaines sous forme de traits de caractère : rigueur, bon sens, créativité…
- Vous en trouverez aussi la trace en parcourant votre courbe de satisfaction professionnelle (*cf.* p. 12) : vos valeurs font partie des éléments qui vous confortaient dans vos points hauts si vous vous sentiez parfaitement en phase avec votre environnement de travail et/ou votre mission. Elles se détachent aussi *a contrario* de vos points bas si votre poste ou la culture de votre entreprise se situait à l'opposé de vos valeurs fondamentales.
- Vous pouvez vous appuyer sur la liste suivante.

Acceptation	Autonomie	Combativité
Action	Aventure	Communauté
Adaptation	Beauté	Compassion
Affirmation	Bien-être	Compétition
Amitié	Bienveillance	Conciliation
Amour	Bon sens	Confiance
Appartenance	Bonté	Confort
Apprentissage	Calme	Conscience
Art	Charité	Coopération
Authenticité	Clarté	Courage

Créativité	Force	Plaisir
Curiosité	Fraternité	Professionnalisme
Détachement	Générosité	Prospérité
Dévouement	Harmonie	Puissance
Discernement	Honnêteté	Qualité
Diversité	Humanité	Réactivité
Douceur	Humour	Respect (de soi, des autres)
Échange	Indépendance	Responsabilité
Écologie	Initiative	Réussite
Éducation	Innovation	Sagesse
Efficacité	Inspiration	Sécurité
Égalité	Intégrité	Sensibilité
Élégance	Intelligence	Sérénité
Engagement	Inventivité	Simplicité
Enthousiasme	Joie	Sincérité
Entraide	Justice	Sociabilité
Équilibre	Liberté	Solidarité
Espérance	Maîtrise	Souplesse
Excellence	Méditation	Succès
Exigence	Optimisme	Tendresse
Expérimentation	Originalité,	Tolérance
Exploration	Passion	Transmission
Famille	Perfection	Transparence
Fidélité	Performance	Utilité
Flexibilité	Persévérance	

Bon à savoir

Tout au long de votre travail sur vos valeurs, reliez-les à des expériences où elles se sont illustrées concrètement (*cf.*, par exemple, votre tableau de réussites) afin de valider leur importance à vos yeux et de vous aider à les hiérarchiser.

C. Les hiérarchiser et... jouer avec !

Hiérarchisez cinq à dix valeurs essentielles par ordre d'importance décroissante ou par groupe de valeurs : essentielles, importantes, simplement utiles. Si vous le souhaitez, vous pouvez utiliser les deux exercices qui suivent.

■ Regrouper par famille

Commencez par regrouper vos valeurs par familles. Tout comme vos valeurs, ce regroupement vous est personnel. Suivant le contenu que vous lui attribuez, vous associerez plutôt la valeur Confort avec Sécurité ou bien avec Qualité de vie ; Élégance avec Respect (élégance relationnelle) ou avec Beauté.

Attribuez à chacun de ces groupes le nom de valeur qui vous paraît le plus important.

Une fois vos valeurs regroupées, il vous sera plus facile de les hiérarchiser. Le prochain exercice vous propose d'aller encore plus loin en les croisant les unes avec les autres.

■ Hiérarchiser

À partir de vos valeurs essentielles (maximum dix), dressez un tableau à double entrée vous permettant d'associer toutes vos valeurs par paires.

	Honnêteté	Humour	Liberté	Amitié
Beauté	?	?	?	?
Honnêteté	–	?	?	?
Humour	–	–	?	?
Liberté	–	–	–	?

Considérez ensuite chacune des paires : laquelle des deux valeurs est la plus importante à vos yeux ? Si la réponse vous vient spontanément, inscrivez son nom dans la case correspondante. Si c'est plus difficile, remémorez-vous ou imaginez une situation concrète dans laquelle ces deux valeurs se retrouvent en conflit : laquelle privilégieriez-vous ? Par exemple, que feriez-vous si un ami cher vous demandait de faire quelque chose de malhonnête ? Il n'est pas facile de hiérarchiser ses valeurs : appuyez-vous sur du concret et prenez votre temps.

	Honnêteté	**Humour**	**Liberté**	**Amitié**
Beauté	Honnêteté	Humour	Liberté	Amitié
Honnêteté	–	Honnêteté	Honnêteté	Honnêteté
Humour	–	–	Liberté	Amitié
Liberté	–	–	–	Liberté

Comptabilisez maintenant le nombre d'occurrences pour chaque valeur.

On obtient pour notre exemple :

- Honnêteté (4)
- Liberté (3)
- Amitié (2)
- Humour (1)
- Beauté (0)

Vous pourrez bien sûr revenir et enrichir ces réflexions sur vos valeurs tout au long de votre démarche. Prenez-les en compte au moment de construire votre projet (chapitres 4 et 5) en vous souvenant qu'elles représentent le moteur de votre motivation, un facteur essentiel pour vous sentir bien dans votre futur poste ou activité.

Pour aller plus loin

Les ancres de carrière

En complément de ce travail sur vos valeurs, vous pouvez poursuivre votre réflexion sur vos besoins en explorant vos ancres de carrière.

Issu des travaux du psychologue du travail Edgar Schein dans les années soixante, ce concept fait référence à la manière dont une personne apprécie sa propre carrière :

- Ses talents, capacités, compétences : de quoi suis-je capable ?
- Ses motivations, besoins, objectifs : par quoi suis-je attiré ?
- Ses valeurs : quel est l'objectif ultime à mes yeux ?

Les éléments qui en découlent sont considérés comme essentiels et non négociables : une ancre conduit les décisions majeures d'orientation et de changement de carrière.

Le modèle de Schein comprend huit ancres de carrière différentes.

Ancre technique/ fonctionnelle Personnes qui structurent leur identité et leur carrière autour d'une spécialisation ou d'une expertise.	**Ancre managériale** Attirance vers les sommets de l'organisation, le pouvoir et l'influence.	**Autonomie** Besoin fondamental d'indépendance. À ne pas confondre avec l'envie d'entreprendre dite ancre « Esprit d'entreprise » dans le modèle de Schein. On peut avoir besoin de latitude dans son action professionnelle sans pour autant avoir envie de lancer et diriger une activité.	**Sécurité/Stabilité** La sécurité (financière, d'emploi) oriente en priorité les choix de carrière.
Esprit d'entreprise / créativité Besoin de lancer et faire aboutir quelque chose, qu'il s'agisse d'une entreprise, d'un service, d'un produit…	**Dévouement à une idée ou à une cause** Fort besoin de sens, de service. Pas nécessairement dans un cadre humanitaire, il peut s'agir d'un besoin d'utilité ou d'efficacité de la mission accomplie.	**Défi** La compétition voire les obstacles sont des sources de motivation.	**Style de vie** Priorité au choix de mode de vie quels que soient les critères personnels (qualité de vie, localisation, temps libre et disponible pour une passion…).

Quelles sont vos deux ou trois ancres principales aujourd'hui ? Ont-elles évolué dans le temps ? Appuyez-vous sur votre courbe de satisfaction (*cf.* chapitre 1) pour alimenter votre réflexion.

2. Vos centres d'intérêt

Apportez un éclairage supplémentaire à votre bilan en listant vos centres d'intérêt, qu'ils soient personnels ou professionnels, et en réfléchissant à la place que vous leur attribuez dans votre travail.

A. Centres d'intérêt personnels

Deux séries de questions sont à se poser ici :

- **Quels sont vos centres d'intérêt dans la vie ?** Prenez le temps de lister vos principaux hobbies, les activités et les thèmes qui vous attirent spontanément.
- **Quelle place souhaitez-vous leur donner *a priori* dans votre vie professionnelle ?** Certains organisent leur travail et leur vie autour d'une passion (par exemple, un artiste pratiquant et enseignant la sculpture) ; d'autres préfèrent que leur travail leur laisse le temps de vivre leur passion par ailleurs ; d'autres encore combinent une passion avec leur vie professionnelle, voire la découvrent à cette occasion (par exemple, un commercial senior qui se prendrait de passion pour la gastronomie ou le golf) ou vivent un hobby comme une activité secondaire. Quelle place donnez-vous à vos passions ? Avez-vous besoin de les inclure dans votre vie professionnelle ? Vivre de votre passion vous fait-il envie ou plutôt peur ?

  En complément, consultez l'encadré « Construire son projet sur une passion, est-ce une bonne idée ? », p. 79.

B. Centres d'intérêt professionnels

Poursuivez vos observations dans le domaine professionnel, que l'on a tendance à aborder plutôt sous l'angle des compétences, mais dans lequel s'expriment aussi vos centres d'intérêt. Quels sont les sous-domaines de votre aire d'expertise qui vous semblent les plus intéressants et ceux qui éveillent votre curiosité ? Sur quel sujet suivriez-vous le plus volontiers une formation ou une conférence ? Pensez aussi au management, aux thèmes transversaux à votre métier, à la vie de votre entreprise et de votre secteur en notant les thèmes qui vous animent le plus. Parcourez à nouveau vos réussites en y recherchant maintenant les centres d'intérêt professionnels qui y apparaissent en filigrane.

Vous pouvez bien sûr revenir plusieurs fois sur ces listes, les hiérarchiser si vous le souhaitez.

3. Qui êtes-vous ?

À côté de vos motivations et de vos centres d'intérêt, tout éclairage supplémentaire sur votre personnalité et votre parcours enrichira votre bilan.

C'est le moment de parcourir à nouveau :

- Les tests de personnalité que vous auriez effectués dans un cadre professionnel, par exemple lors de recrutements, de formations ou encore d'un accompagnement comme un bilan de compétences ou un coaching.
- Un portrait que quelqu'un aurait fait de vous ou un autoportrait que vous auriez réalisé.

Si vous n'en avez jamais fait ou que vos résultats sont anciens, le moment est tout indiqué pour effectuer un test de personnalité. Le RIASEC, notamment, est simple et rapide et vous renseignera sur vos environnements de travail préférés.

Bon à savoir

RIASEC : les intérêts professionnels

Psychologue américain, John Holland s'intéresse à l'orientation des adultes. Il formule en 1959 la théorie des intérêts vocationnels selon laquelle la personnalité de chacun se rapproche d'une combinaison de six traits de base dosés suivant des proportions spécifiques : Réaliste, Investigateur, Artiste, Social, Entreprenant et Conventionnel (modèle abrégé en RIASEC). Chaque dimension correspond à un ensemble d'activités et d'environnements préférés, de valeurs, de capacités et de traits de caractère. On résume souvent le profil RIASEC d'une personne à ses trois traits principaux : un dominant et deux complémentaires.

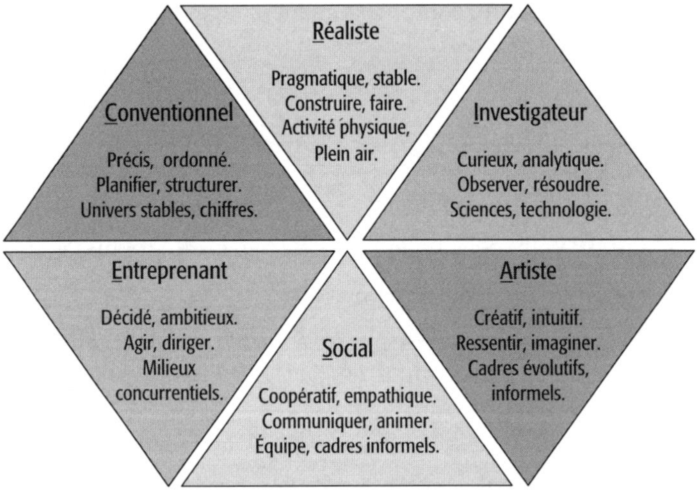

Chaque combinaison (par exemple : Social Entreprenant Artiste, résumé en SEA) peut être rapprochée d'activités, d'environnements, de secteurs et de métiers plus pertinents que d'autres en termes de satisfaction et de performance. L'un des grands avantages de ce test est sa simplicité d'administration et d'interprétation. Bien entendu, les résultats et éventuelles recommandations de métiers qui en découlent sont à prendre avec bon sens et recul. Ils ne remplacent pas votre travail sur le contenu de votre expérience et de vos motivations, mais le complètent et l'éclairent.

Vous trouverez sur le Web des descriptions détaillées des six profils. Vous pouvez également réaliser un test en ligne, par exemple sur **kledou.fr** (gratuit) ou auprès de Test & Go (**www.test-and-go.com**, payant).

4. Votre situation, vos priorités : le cahier des charges de votre future activité

Fort de ce que vous avez appris ou formalisé au fil de votre bilan, vous êtes en mesure de dresser une première liste de caractéristiques du poste que vous recherchez : autant d'indices d'activités qui vous correspondent.

Ce poste, sans doute encore indéterminé pour vous :

- vous amènera à utiliser largement vos **compétences préférées**, vous permettant de travailler avec aisance et appétit ;
- sera en harmonie avec vos **valeurs fondamentales**, sources de votre motivation ;
- s'exercera dans un **environnement** dans lequel vous vous sentez bien, identifié grâce au résultat obtenu au test RIASEC et/ou à votre réflexion portant sur vos environnements de travail préférés, par exemple lors du tracé de votre courbe de satisfaction professionnelle.

Pour compléter ce portrait chinois, nous vous proposons de dresser un **cahier des charges** de votre future activité. Constitué à partir des éléments précités, vous l'enrichirez en listant et ordonnant **vos principaux besoins**, qu'il s'agisse de :

- revenus ;
- l'équilibre entre vos vies personnelle et professionnelle : autonomie, horaires, transports sont autant de facteurs qui peuvent s'avérer déterminants pour vous ;

- gestion de carrière : formation, promotion sociale, potentiel d'évolutions futures… ;
- la localisation géographique ou de toute autre contrainte ou critère important lié à votre situation.

Un trait que vous perceviez comme un « handicap » habituellement peut, à partir de maintenant, être considéré aussi comme une caractéristique qui vous aidera à spécifier votre cible. Comme pour l'enquêteur, les indices les plus précis sont les meilleurs ! C'est ainsi que l'âge, critère parfois perçu comme défavorable en recrutement et dont vous tiendrez compte lors de votre recherche active, peut contribuer au ciblage de votre futur poste. Si vous vous dites : « J'ai 53 ans, ça risque d'être difficile pour moi de retrouver un poste », vous pouvez peut-être également songer : « Je recherche une certaine stabilité d'emploi pour vivre une fin de carrière tranquille » et/ou « une fonction dans laquelle ma "séniorité" sera valorisée ». Attention, cette évaluation est très personnelle : qu'entendez-vous par « stabilité d'emploi » ? Pour certains, seule la fonction publique représente la sécurité ; pour d'autres, c'est une « grande entreprise » qui l'incarne le mieux ; pour d'autres encore, c'est la santé et le potentiel du secteur et de l'entreprise qui comptent le plus. Et puis on peut se retrouver sans emploi à 53 ans et rêver de (nombreux) futurs challenges, sécurité d'emploi ou pas… Soyez attentif à définir ce qui compte en priorité pour vous.

Nous vous proposons en encadré un exercice pour synthétiser et hiérarchiser vos critères.

Conseil

Être bien dans son job, qu'est-ce que c'est ?

À chacun sa définition, ses exigences et ses sources de motivation. Comment caractérisez-vous un job dans lequel vous vous sentirez bien ? Dressez la liste de vos propres critères :

- **Indispensables** : si ces éléments ne sont pas respectés, impossible pour vous de prendre un poste.

- **Majeurs** : pas vraiment nécessaires mais importants à vos yeux, ils faciliteront certainement votre longévité dans un poste.
- **Bonus** : la cerise sur le gâteau !
- **Pas importants du tout** : d'autres en font peut-être grand cas, mais pas vous.

Déterminez librement ces critères, qu'il s'agisse de valeurs, de compétences utilisées au quotidien, de contenu de poste, de sens, de conditions de travail, de considérations financières, d'avantages secondaires... Peuvent figurer, dans votre liste, des critères aussi disparates que : avoir la sécurité de l'emploi, apprendre de nouvelles choses tous les jours, travailler dans un bel espace (décoration, lumière...), gagner plus de 4 K€/mois (ou 6 ou 10 ou 2...), travailler dans une ambiance détendue (vestimentaire/relationnelle), être autonome, remplir une mission d'utilité générale...

Une fois de plus, pensez à caractériser de manière la plus fine possible chacun de vos critères. Vous pouvez commencer cet exercice dès maintenant et le reprendre au bout de quelques jours. Interroger ou observer le fonctionnement de vos proches et collègues vis-à-vis de leur propre carrière vous aidera à identifier et affiner vos propres choix.

L'intérêt de l'exercice est double :

- Prendre conscience et affiner les éléments les plus importants à vos yeux. Par exemple : qu'entendez-vous par « être autonome » ? S'agit-il de travailler avec un patron accommodant ? De travailler le plus souvent en solo, sans dépendre du travail d'autres collaborateurs pour avancer ? D'avoir de la flexibilité dans la réalisation de vos missions ? Ou encore de disposer d'horaires flexibles ?
- Hiérarchisez vos besoins pour en faire des priorités : dans un premier temps, faites-vous plaisir en dressant une longue liste de souhaits ! Savoir les hiérarchiser vous permettra plus tard de vous aiguiller dans le choix de votre activité, entreprise ou secteur et de vous aider à vous décider. Le job parfait n'existe pas et votre futur poste ne comprendra peut-être pas de critère « bonus » ; mais s'il couvre vos deux premières séries de critères, vous vous y sentirez sans doute très bien !

• …spects que vous avez listés peuvent vous … recherche (par exemple, vous êtes insatisfait …ı sur plusieurs de ces plans ou vous vous sentez …vités réputées moins rémunératrices que le métier que …z actuellement), engagez dès maintenant une réflexion sur …nts et sur vos priorités. Reportez-vous à l'encadré p. 66 et, si ce …est pas déjà fait, penchez-vous sur vos ancres de carrière (*cf.* encadré p. 60). Vous aurez l'occasion d'approfondir vos observations et de les alimenter en données plus factuelles sur votre future activité au moment du choix de votre projet professionnel.

Focus

Se faire accompagner, quelques pistes

Votre démarche professionnelle n'avance pas, vous tournez en rond, de trop nombreuses questions s'agitent dans votre tête ? Peut-être avez-vous besoin d'un accompagnement personnalisé pour :

1. **Régler un problème personnel qui entrave votre avancée pour l'instant.**

Certaines personnes ont besoin de passer par une étape préliminaire de décantation pour pouvoir asseoir leur projet professionnel sur une base solide : solutionner un problème parasite, faire le bilan émotionnel d'une période difficile ou même définir un projet de vie. Il peut être difficile, voire impossible d'avancer tant que ces questions prioritaires n'ont pas trouvé un début de solution. Si vous pensez que c'est votre cas, consultez les encadrés « Le temps de digérer » (p. 24) et « SOS, je n'avance pas : améliorer sa gestion du temps » (p. 53). Prenez le temps de réfléchir à votre « écologie » actuelle (*cf.* p. 19) et faites-vous accompagner par un psychologue si besoin.

2. **Travailler votre démarche professionnelle avec un regard extérieur.**

Peut-être est-il trop difficile pour vous de travailler en solitaire ? Voici quelques idées pour bénéficier d'un regard et d'un échange autour de votre projet de changement. Attention, vous restez maître et acteur de votre changement et ces pistes ne fonctionneront bien que si vous êtes vraiment prêt à avancer :

- Travailler avec la complicité d'autres personnes : *cf.* l'encadré « Travailler à plusieurs ou avec un work buddy » p. 26.
- Bénéficier d'un bilan de compétences, d'un coaching ou d'un accompagnement : renseignez-vous, suivant votre cas, auprès de votre entreprise, de Pôle Emploi, de votre mairie ou conseil général, des associations locales ou de l'association des anciens de votre formation.
- Rechercher vous-même un consultant carrière indépendant[1].
- Faire appel à une association. De nombreuses initiatives répondent localement à diverses situations (jeune diplômé, senior, chômeur...). À titre d'exemple, l'AVARAP accompagne les cadres depuis 30 ans dans leur repositionnement professionnel grâce à une méthode solide et à la dynamique de groupe : chaque participant construit son projet avec l'aide des 10 à 15 membres de son groupe au cours d'un cycle de travail intense s'étalant sur 8 à 9 mois[2].

5. Synthèse de votre bilan

Vous avez maintenant réalisé un tour d'horizon de votre parcours sous l'angle de votre personnalité, de vos motivations et de vos compétences. Avant de passer à l'élaboration de votre projet, nous vous invitons à synthétiser et hiérarchiser votre travail.

1. J'ai cofondé Carrière Évolutions, un cabinet de coaching carrière à distance (par téléphone et Skype). Tous les outils proposés dans ce livre et d'autres encore sont utilisés avec l'aide d'un consultant pour mesurer et booster votre avancée. Plus d'informations sur **www.carriereevolutions.com**.

2. Je suis bénévole de cette association et peux témoigner du sérieux et de la richesse du modèle proposé.

Check-list

Votre bilan :

- Votre portefeuille de réussites comprenant au moins 15 réussites décortiquées en histoires et en compétences.
- Vos 10 compétences clés, appuyées d'exemples.
- Vos 5 valeurs principales. Éventuellement, vos ancres de carrière.
- Vos priorités professionnelles (*cf.* p. 65).
- Tout autre élément important éclairant vos compétences, votre personnalité et/ou besoins. Par exemple, le profil obtenu au test de personnalité RIASEC sur vos intérêts et environnements de travail préférés.

Tous ces éléments vous seront précieux pour imaginer de nouvelles activités professionnelles, sélectionner et valider celles qui sont le plus en adéquation avec votre profil et bientôt convaincre un recruteur que vous êtes le candidat idéal.

Avant de poursuivre votre démarche, **résumez le travail réalisé en une page** comprenant vos principales compétences, valeurs, traits de caractère, environnements préférés, besoins… Soyez créatif en utilisant, par exemple, des couleurs et des dessins si ce mode d'expression vous stimule. Une image, une citation, un symbole ou un petit croquis peut résumer plusieurs aspects de votre personnalité et vos questionnements actuels. Dessinez, écrivez ou collez-le sur votre page, à conserver précieusement pour la suite.

6. Au fait, avez-vous vraiment besoin d'un nouveau projet ?

Suivant votre situation et votre objectif, plusieurs options s'offrent à vous :

- Peut-être êtes-vous déjà au clair sur votre prochaine étape professionnelle, en ligne droite avec votre poste ou métier actuel : approfondissement de votre expertise, renforcement de la dimension management, ascension dans la hiérarchie. Dans ce cas, rendez-vous directement au chapitre 6 pour formuler en détail votre cible et la conquérir.

- Si de nombreuses possibilités vous sont ouvertes et que vous disposez de temps, alors définissez un nouveau projet, étape par étape, à partir d'une large liste d'options, en passant par le chapitre 4.
- Vous hésitez entre les deux options ? Vous savez ce que vous voulez faire ou quel professionnel vous souhaitez devenir, mais vous vous demandez si votre projet est assez précis ? Rendez-vous p. 114 pour vérifier que votre cible est bien définie. N'hésitez pas à faire un détour par le chapitre 5 et à réaliser quelques rendez-vous réseaux pour confirmer la direction de votre projet et passer en douceur et en connaissance de cause à l'étape de recherche active.

Focus

Si le timing s'accélère...

Votre situation vient de changer et vous voilà contraint d'accélérer votre reprise ou votre changement de poste ? Quelques conseils :

- **Identifiez un ou des postes à portée immédiate** : rendez-vous aux chapitres 6 et 7 pour définir votre ou vos cibles de recherche et votre plan d'action, puis construire rapidement les meilleurs outils de communication nécessaires à la mise en œuvre ce « plan B ». Reposez-vous sur vos réussites marquantes (chapitre 2) pour renforcer votre confiance en vous et construire votre argumentation.
- **Maintenez les éventuels rendez-vous réseau prévus** si vous le pouvez, en adaptant votre présentation et vos questions en fonction de votre situation : capitalisez sur les actions que vous avez déjà enclenchées, le réseau vous sera utile dans la suite de votre parcours.
- **Poursuivez votre réflexion** : si vous vous êtes procuré ce livre, si vous avez engagé une démarche de bilan, c'est sans doute que vous aspirez à un changement. Revoyez votre planning de travail pour qu'il soit compatible avec votre recherche de poste ou votre nouveau job : dites-vous que vous commencez à préparer dès maintenant le fameux « coup d'après ».

4. Imaginer un nouveau projet

Objectif de cette phase : parcourir une large gamme d'activités qui pourraient vous convenir et identifier parmi elles le projet *a priori* le plus porteur.

Au programme : une phase pour multiplier les idées d'activités possibles pour vous, puis une phase de tri et de sélection.

Le temps : deux sessions de travail rapprochées pour garder votre élan dans cette phase délicate de décision et garder de l'énergie pour la suite. Donnez-vous un temps limité (une heure, par exemple) pour rassembler et développer vos idées de postes. Puis, dans les jours qui suivent, passez à l'analyse de votre production (comptez au moins trois heures). Conseil : ne tardez pas à faire un choix de projet, puis à l'explorer grâce à votre réseau (chapitre 5). Cette phase concrète vous permettra d'affiner et de confirmer votre choix. Si besoin est, vous pourrez toujours aménager votre projet ou revenir à votre liste d'idées.

Votre progression :

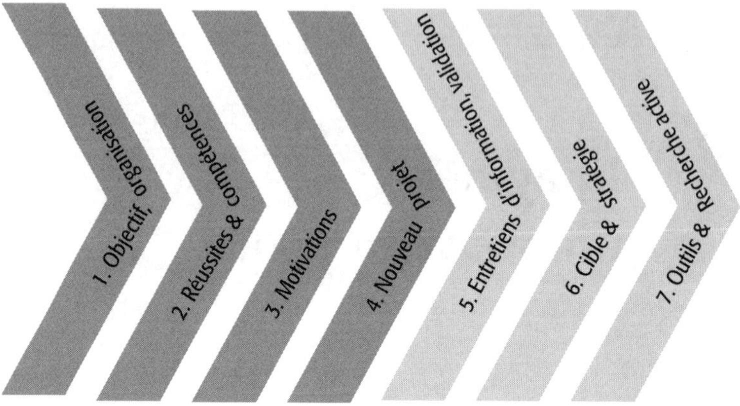

Pour commencer, avez-vous vraiment besoin d'ajouter de nouvelles idées d'activité à celles que vous envisagez déjà ? Avant de construire un projet qui vous convienne, puis d'investir du temps et de l'énergie dans sa concrétisation, il semble opportun d'ouvrir au maximum le champ de possibilités parmi lesquelles vous allez effectuer votre choix. En outre, produire de nouvelles idées peut vous aider à affiner celles que vous avez déjà.

Quoi qu'il en soit, si les une ou deux pistes que vous envisagez sont déjà un peu définies et/ou que vous ne souhaitez pas ou n'avez pas le temps d'ouvrir plus complètement votre horizon de possibilités, rendez-vous directement au chapitre 5 pour formuler précisément et valider votre projet.

1. Comment trouver de nouvelles idées d'activité ?

Votre objectif consiste ici à rassembler une importante liste d'activités potentielles. Pour ce faire, listez des idées précises et explicites : pas seulement un métier, mais aussi un intitulé de fonction, un secteur, voire une entreprise, des modalités de travail, un statut… Privilégiez les formulations :

- **concrètes**, de façon à visualiser des gens et des métiers et à imaginer par association d'idées d'autres activités ;
- **précises**, afin de définir un projet puis une cible de recherche suffisamment spécifique pour déboucher sur des contacts, des expertises, des sources d'information, puis des opportunités.

« Consultant » ou « responsable marketing » englobent un vaste champ de fonctions, de modalités et de réalités différentes. Faites l'effort d'imaginer plus loin que la fonction : et si vous générez cinq idées au lieu d'une seule, tant mieux ! Le plus important, dans un premier temps, consiste à enclencher un précieux flux d'idées, quelles qu'elles soient.

Exemples : « responsable marketing dans une PME secteur informatique/télécoms », « responsable marketing en charge du Web/mobile dans une PME de services B2B », « responsable marketing dans une start-up de services mobiles », « responsable marketing chez Blablacar », « responsable marketing dans une PME à temps partiel (3 jours/semaine) »…

Durant cette phase, que nous allons décortiquer en détail, ne vous censurez pas : laissez libre cours à vos rêves et à votre créativité, autorisez-vous toutes les idées de poste ou d'activité qui vous viennent à l'esprit, y compris les plus saugrenues. Ne vous souciez pas de réalisme pour l'instant, uniquement de produire le plus d'options possible. Dans l'immédiat, des idées irréalistes et fantaisistes peuvent en déclencher d'autres qui s'avéreront tout à fait recevables. Ensuite, durant la phase d'analyse, chaque idée, même incongrue, pourra plus tard vous aiguiller sur des voies possibles. Par exemple, vous vous rêvez un court instant en premier astronaute sur Mars pour la NASA : cette idée peut être rapprochée d'autres options plus réalistes dans un environnement américain, dans le secteur spatial ou celui des transports, dans l'innovation…

Une idée peut surgir à tout moment ! Voici un déroulé d'étapes possibles pour vous guider :

- Tout d'abord, c'est le moment de parcourir la liste d'idées de poste suggérée au chapitre 1 (Liste « Idées d'activités », p. 25) sur laquelle vous avez peut-être déjà inscrit plusieurs items.
- Complétez-la d'**idées plus anciennes**. Accordez-vous quelques minutes pour replonger dans vos souvenirs d'enfance et vous remémorer ce que vous rêviez de faire à 5, 10, 15 ans. Survolez également votre courbe de satisfaction : durant votre parcours, avez-vous déjà envisagé des bifurcations ? Avez-vous été tenté par d'autres métiers ? Avez-vous postulé à un poste que vous auriez pris si vos entretiens avaient débouché positivement ou si vous n'aviez pas été retenu par des contraintes personnelles à ce moment-là ? Ajoutez-les sur votre liste.
- Vous pouvez parcourir des **listes de métiers** (les ressources sont nombreuses sur Internet).
- **Pour des idées plus originales**, songez aux gens autour de vous dont le métier vous intéresse, mais aussi à vos héros de livres ou de série préférés et aux personnes connues que vous admirez le plus. Vous pouvez encore feuilleter le sympathique *Guide des métiers pour les petites filles qui ne veulent pas finir princesses*[1] : avec sa liste de métiers valorisants ou extrêmes agrémentés de témoignages, il peut permettre à des adultes de sortir du cadre pour s'imaginer, le temps d'une séance de brainstorming, en dessinateur de BD, en paléontologue ou encore en leader d'opinion…
- Parcourez à nouveau **votre bilan résumé en une page** en vous demandant quelle activité vous évoque chaque trait (compétence, valeurs, centres d'intérêt…). Vous pouvez réaliser un **exercice de créativité complet en temps limité** à l'aide de l'encadré ci-après.
- Examinez lentement, à plusieurs reprises, toutes les idées rassemblées pour identifier, peut-être, de nouvelles pistes.

1. Catherine Dufour, *Guide des métiers pour les petites filles qui ne veulent pas finir princesses*, Livre de poche, 2015.

Méthode

Comment trouver beaucoup d'idées ? Quelques règles pour réaliser une séance de créativité

Envisagez de faire cet exercice avec **un ou plusieurs amis** : un proche qui vous connaît bien et/ou une personne de votre réseau également en phase de réorientation ou de recherche (et qui voudra peut-être profiter de l'exercice). Dans ce cas, avant de commencer, résumez-lui/leur brièvement les principaux éléments de votre bilan.

Mettez-vous dans des conditions favorables. Fixez-vous un **temps limité**, par exemple 20 minutes pour commencer. Prévoyez un **environnement stimulant** : selon les personnes, il peut s'agir d'un endroit tranquille et intime (chez vous, au calme) ou, au contraire, d'un endroit public qui tranche avec le quotidien (café, bibliothèque, jardin).

Relisez les raisons citées plus haut de ne pas vous censurer !

Reprenez les éléments du bilan en les croisant paire par paire pour en sortir des idées d'activités :

- **Compétences x Centres d'intérêt** : croisez chaque compétence avec chaque centre d'intérêt et notez les idées d'activité qui vous viennent à l'esprit pour chaque couple. « Contrôler » x « voyages » pourra évoquer, par exemple : « contrôleur aérien à Roissy », « expert en assurances voyage pour Mondial Assistance ou Europ Assistance », « responsable du contrôle de gestion chez Club Med »...

  À ce stade, ne vous préoccupez pas de réalisme, ni même d'envie.
- **Compétences x Valeurs.**
- **Compétences x Environnements préférés.**
- **Compétences x Traits de caractère** si vous en avez listés.

Puis :

- **Centres d'intérêt x Valeurs.**
- **Centres d'intérêt x Environnements préférés, etc.**

À chaque étape de votre production, si vos idées se tarissent, reprenez les idées listées depuis le début.

2. Sélectionner un projet

Ici, votre objectif est de choisir un projet que vous allez investiguer en détail puis, si vous le validez, concrétiser par une recherche de poste. Pour choisir parmi ces idées, fiez-vous à votre mode de décision préféré ! Vous trouverez ci-après des suggestions d'aide à la réflexion.

Bon à savoir

Si vous avez du temps et qu'il est dur pour vous de choisir, pourquoi ne pas investiguer deux projets ? Selon votre situation, il peut également être judicieux d'enclencher immédiatement un projet « alimentaire » ou dans la droite ligne de votre poste précédent pour retrouver ou changer de poste rapidement, tout en investiguant un projet plus personnel ou ambitieux pour plus tard. Les entretiens d'information décrits au chapitre 5 vous aideront à préparer le terrain.

Vous allez maintenant choisir le projet que vous souhaitez explorer en vue de le concrétiser. Vous pouvez faire votre choix à tout moment. Voici des étapes intermédiaires si vous en avez besoin.

Commencez par jouer et organiser votre longue liste d'idées d'activité : vous pouvez, par exemple, les organiser par thème, secteur et/ou fonction.

L'étape suivante consiste à explorer les idées qui vous correspondent le plus : lesquelles suscitent votre curiosité ? Lesquelles vous semblent les plus accessibles ou naturelles à la suite de votre parcours ? Peut-être déciderez-vous d'emblée en les parcourant du projet à investiguer en priorité. Tenez bien sûr compte de votre situation, matérielle notamment, et du temps dont vous disposez : plus le domaine est éloigné de votre carrière actuelle, plus vous aurez besoin de temps pour l'investir.

Pour faciliter votre choix de projet, vous pouvez aussi procéder par sélections successives, par exemple en commençant par retenir cinq à quinze idées de projet attirantes et/ou logiques. Décrivez-les en trois lignes minimum chacune (moins vous retenez d'idées différentes, plus vous pouvez allonger le nombre de lignes) en vous concentrant sur les points suivants :

- **L'intitulé de poste et les noms de secteurs, voire d'entreprises.** Vérifiez que la formulation est suffisamment précise. À défaut, complétez-la et scindez-la au besoin en plusieurs idées.
- **Ce qui vous motive et ce qui vous motive moins.**
- **Vos points forts et vos lacunes pour cette activité** (compétences, expérience, autre bonus potentiel du point de vue d'un recruteur).
- **Vos questions sur cette activité.**
- **Quelles personnes rencontrer pour en savoir plus.**

Identifiez ensuite l'idée la plus pertinente pour vous, en procédant si besoin par tri successif (passez de quinze à cinq, puis à un projet) et/ou en recherchant quelques informations de base sur Internet : lire une offre d'emploi précise vous donnera, par exemple, un aperçu des compétences nécessaires pour le poste.

Si vous avez du mal à vous décider, consultez le point « Qu'est-ce qu'un bon projet ? », p. 103.

Focus

Construire son projet sur une passion, est-ce une bonne idée ?

La mode de la « reconversion » et l'envie de « faire enfin ce que l'on aime » peuvent vous inciter à imaginer surtout des idées d'activité basées sur vos passions, pour passer d'un poste de cadre en entreprise à une activité de prof de tennis, restaurateur, fleuriste, viticulteur..., puisque vous adorez le tennis, cuisiner, les fleurs, le vin...

Avant même d'évaluer le marché et les compétences nécessaires pour réussir une telle reconversion (chapitre 5), prenez en compte votre envie de manière fine.

Parcourez ou effectuez, si ce n'est pas déjà fait, le « cahier des charges » de votre future activité et la **liste de vos critères de définition d'un poste dans lequel vous vous sentez bien**. La passion, l'intérêt, la quête de sens et/ou la mission font-ils partie de vos critères indispensables ou majeurs ? Où placeriez-vous la satisfaction de vivre de votre passion dans cette liste ?

Consultez aussi vos notes autour de **vos centres d'intérêt personnels** et sur la place que vous souhaitez leur accorder dans votre activité.

Concentré sur votre aspiration au changement, n'oubliez pas que vous avez toute latitude pour **doser l'importance de ce hobby ou de cette passion dans votre vie**. Peut-être avez-vous envie de plus de tennis (ou cuisine, fleurs, vin) dans votre vie, mais à quel degré ? Un peu, beaucoup, passionnément ?

Le rêve de devenir photographe peut se traduire dans divers projets personnels et professionnels d'ampleurs différentes et avec des modalités variées, par exemple :

- Participer à des défis photo mensuels ou hebdomadaires *via* une association.
- Obtenir du temps libre supplémentaire dans son métier actuel pour pouvoir pratiquer sa passion avec plus de disponibilité (négocier un 4/5e ou des congés supplémentaires contre la baisse ou le maintien de rémunération, intégrer une entreprise dont le temps de travail est réduit…).
- Ajouter une aire d'expertise photo/visuelle/artistique dans son métier : un chef de produit pourrait se former en communication visuelle ou en iconographie et devenir une ressource de l'entreprise sur ce point ; il est aussi possible de se porter volontaire pour prendre des photos pour le site de l'entreprise contre rémunération ou avantage.
- Créer une deuxième activité le week-end autour de la photo de mariage.
- Devenir reporter photographe à temps plein, avec de nombreux déplacements…

Notez que ces différentes activités pourraient correspondre aux **étapes successives d'un plan d'action à dérouler sur plusieurs années** pour se former et valider en douceur que la transition vous convient.

Prenez également en compte l'envie (ou pas) de tirer des revenus de la passion que vous vivez aujourd'hui dans un cadre libre et désintéressé.

Conclusion : avant de passer du temps à enquêter sur le réalisme d'un changement de carrière organisé autour d'une passion, réfléchissez à la part exacte que vous souhaitez lui accorder dans votre vie professionnelle à court et moyen termes.

Soyez également réaliste sur votre niveau de compétences dans ce domaine qui vous passionne. Pouvez-vous, par exemple, identifier les personnes ou entreprises qui pourraient vous rémunérer dès maintenant pour mettre en œuvre ces compétences dans le cadre d'une mission courte ou d'un extra ? Ce serait une bonne manière de tester votre crédibilité et votre motivation pour transformer votre loisir ou votre centre d'intérêt en métier.

5. Valider la viabilité de votre projet

Objectif de cette phase : enquêter sur votre futur job ! Rassembler et analyser l'information qu'il vous faut pour valider que vous tenez un projet réaliste et en adéquation avec votre personnalité et vos besoins. Ce travail vous permettra d'enclencher sereinement la phase de concrétisation.

Au programme :

- Lister ce que vous savez déjà de votre future activité… et ce qu'il vous reste à découvrir.
- Obtenir, préparer et mener au minimum trois rendez-vous avec des professionnels qui occupent l'activité que vous envisagez.
- Rapprocher votre travail d'investigation de votre bilan et valider votre projet.

Le temps : cette phase pourra s'étaler sur trois, quatre, six semaines, parfois plus suivant la difficulté à rencontrer les contacts adéquats.

En conséquence, soyez rapide en phase de description de projet : trois heures devraient vous suffire. Chaque rendez-vous vous demandera trois à cinq heures minimum (au moins au début de votre démarche), de l'identification de la personne à contacter aux remerciements et traitement des informations obtenues après le rendez-vous. Ces rendez-vous s'échelonnent dans le temps suivant un rythme dépendant de vous, mais surtout de vos interlocuteurs ; continuez en parallèle à récolter de l'information par d'autres moyens : Internet, conférences, lectures…

Suggestion : fixez dès maintenant un rendez-vous avec vous-même trois à quatre semaines après votre point de démarrage pour analyser le résultat de vos entretiens, quel qu'en soit le nombre à ce stade. Si vous bénéficiez de la complicité d'un work buddy ou d'un groupe de travail, faites-en le thème d'une session collective. Ce travail de synthèse vous prendra à nouveau trois heures au minimum.

N.B. : le travail de réseau est extrêmement précieux… et chronophage ! Acceptez d'y passer beaucoup de temps en phase de démarrage et d'apprentissage, puis intégrez cette nouvelle activité dans votre démarche sans ralentir votre planning général.

Votre progression :

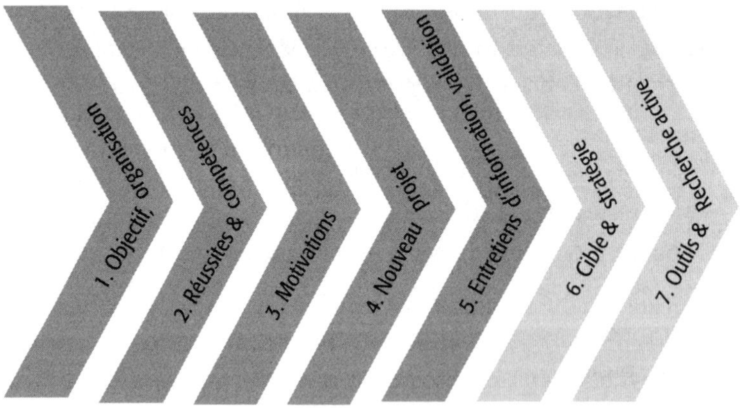

1. Cerner votre projet, identifier vos questions

Vous vous apprêtez à investir du temps et de l'énergie à trouver ce fameux futur job (nous l'appellerons « projet » pour l'instant)…, sans parler des années que vous passerez peut-être à l'occuper ! Il semble judicieux de vérifier, avant de vous lancer :

– que les opportunités de recrutement pour ce type de poste sont *a priori* réelles ;
– que vous avez les compétences pour l'exercer ;
– qu'il convient le mieux possible à votre personnalité, à vos valeurs et besoins, et que vous vous y épanouirez pleinement.

Il est temps d'enfiler votre casquette d'investigateur : vous n'êtes pas encore « chercheur de job », vous enquêtez pour l'instant sur votre futur professionnel… Cette attitude d'investigation et de curiosité vous rendra de grands services dans votre démarche de réseau aujourd'hui et dans la suite de votre vie professionnelle.

Voici comment démarrer l'analyse de votre projet.

A. Une brève description de votre projet

Commencez par mettre par écrit ce que vous savez déjà de votre futur poste en dressant son « portrait-robot ».

Outre ce que vous connaissez déjà de votre futur poste, qui est peut-être proche de votre poste actuel, les sources d'information sont multiples :

- **Internet** – Les sites d'offres d'emploi vous donnent accès à des listes de compétences attendues (décortiquez quelques annonces si besoin). Les rubriques carrière des grands médias proposent des fiches métiers et des bases de données de salaires. Les réseaux sociaux professionnels (LinkedIn, Viadeo & co) contiennent des exemples de parcours et de profils pour la fonction que vous visez. D'autres réseaux sociaux (Twitter notamment) et les blogs de spécialistes témoignent sur leur métier, alors que les blogs spécialisés carrière ou reconversion présentent des témoignages concrets de professionnels…
- **Des livres spécialisés par métier ou secteur**, des livres de « pontes » du secteur que vous visez.
- **Des conférences**, salons et autres événements professionnels.

- **Les ressources documentaires de votre école** ou université (annuaires d'anciens, enquêtes).

Mon futur poste : portrait-robot

- Intitulé de la fonction (et ses variantes) :…
- Secteur :…
- Entreprises éventuelles :…
- Missions principales :…
- Fourchette de salaire :…
- Aperçu du marché (entreprises, métier) :…
- Dont liens vers des articles :…
- Aperçu du marché (recrutement) :…
- Dont liens vers des exemples d'annonce :…
- Modalités particulières :…

Cette trame de description de votre projet et ces suggestions de sources d'information sont une base de départ que vous enrichirez en fonction des particularités du poste, des usages du secteur et des éléments importants à vos yeux : plus vous documenterez votre projet, mieux ce sera. Par exemple, si vous visez le secteur de la mode, le réseau social Instagram est actuellement un passage obligé de communication pour les professionnels : c'est une source d'informations à prendre en considération.

Une seule limite : ne sombrez pas dans des recherches documentaires fouillées dans le seul but de reculer le moment de passer à la décision et à l'action… Respectez le planning que vous avez vous-même établi.

Prenez également en compte les modalités de mise en œuvre de votre projet (par exemple, la possibilité de bénéficier d'un congé création dans votre activité actuelle pour réaliser votre transition) et d'exercice de votre futur poste (temps partiel, statut particulier…)

En pratique

Les cartes de visite

Il est temps de vous pourvoir en cartes de visite si vous n'en avez pas. Elles vous seront utiles en phase de réseau. Optez pour un modèle sobre. Vous pouvez ajouter un titre si vous l'avez déjà occupé et qu'il correspond toujours à votre recherche et/ou quelques points forts sous forme de mots clés factuels. En France, l'échange de cartes de visite reste un moment chargé de sens : prenez le temps de concevoir une carte de visite claire et efficace. Testez votre formulation auprès de complices professionnels. Si vous êtes en poste, utiliser vos cartes de visite actuelles peut sembler indélicat à votre interlocuteur (surtout, comme on le voit parfois, avec l'adresse e-mail rayée et remplacée par une adresse personnelle).

> **Amélie Chazelle**
> Responsable développement durable
> Master INSA Lyon, 2012
> Trilingue anglais / allemand
>
> 10, rue des Vinaigriers 75010 Paris
> 06 ... / amelie.chazelle@...

Bannissez les services vous proposant des cartes de visite gratuites contre l'insertion de publicité. Investissez dans votre image professionnelle avec une petite série commandée auprès d'un imprimeur local ou d'un service en ligne de qualité (comme **www.moo.com** par exemple). Il est tout à fait possible d'imprimer soi-même des cartes de visite avec la plupart des imprimantes modernes à partir de feuilles cartonnées et prédécoupées (Avery, Agipa...).

B. *Vous et votre projet*

Rapprochez maintenant le portrait-robot que vous venez de rédiger de votre personnalité, vos compétences et vos besoins en vous appuyant notamment sur votre bilan en une page.

Mon futur poste et moi

- Mes compétences pour ce poste:...
- Les avantages de ce poste pour moi:...
- Mes lacunes (et mes pistes de solution):...
- Les inconvénients du poste d'après moi:...
- Mes questions sur ce poste:...

Pour lister vos questions, soyez sincère et attentif, projetez-vous et déterminez ce que vous avez besoin de savoir pour valider que vous serez à l'aise dans ce poste. Si, en réfléchissant à vos besoins (*cf.* l'encadré p. 66), vous avez identifié un critère essentiel d'autonomie, de fonctionnement en équipe ou de travail au grand air, assurez-vous que votre future activité vous permettra de travailler dans ces conditions.

Bon à savoir

Décrivez votre projet à un ami en deux minutes, puis demandez-lui de le reformuler avec ses propres mots. A-t-il compris le poste que vous recherchiez ou l'activité que vous voulez créer? Lui apparaissez-vous motivé? Suscitez et prenez ses remarques comme autant d'idées d'amélioration...

C. *Vos questions en détail*

À l'issue de cette première phase d'information et de réflexion, listez les questions restant en suspens. Pour certaines, peut-être pourrez-vous trouver la réponse sur le Net ou en bibliothèque. Réduisez votre liste aux questions pour lesquelles vous ne trouvez pas de réponse.

Vous trouverez ci-après une liste de thèmes avec des exemples de questions: elle est bien entendu indicative. Vos propres questions priment, celles qui ont trait à votre propre situation, vos besoins les plus essentiels et vos lacunes éventuelles pour le poste que vous visez. Interrogez systématiquement les personnes que vous allez rencontrer sur les compétences mises en œuvre dans leur activité, puisqu'elles sont au cœur de votre futur travail quotidien et de l'argumentaire à faire valoir auprès d'un recruteur. En revanche, inutile de dresser une liste de vingt-cinq questions ou de couvrir tous les thèmes : l'essentiel est d'approfondir les sujets importants pour **votre** épanouissement et **votre** réussite à ce poste.

Un conseil : faites l'effort de dresser votre propre liste de questions avant de parcourir notre liste ci-dessous.

Compétences	• Quelles sont les compétences nécessaires pour réussir à ce poste ? • Quel est le niveau d'anglais attendu ? Faut-il maîtriser des logiciels et lesquels ? Quels sont les outils digitaux utilisés ?
Répartition du temps, tâches	• En moyenne, quelle part du temps dois-je m'attendre à travailler en équipe/seul/devant un ordinateur/au grand air/en rendez-vous ? • Dans ce poste, aurai-je une part de démarchage commercial à effectuer ? Beaucoup de décisions à prendre ? Du suivi administratif ? Du travail avec des délais serrés ?
Formation, acquisition de compétences	• Il me manque telle compétence : peut-elle s'apprendre sur le tas ? Comment ? • Faut-il absolument que je suive une formation sur ce nouveau métier ? • Y a-t-il des certifications attendues pour ce poste ? • Quels sont les modes d'apprentissage dans les sociétés que j'envisage (formations internes ou externes, mentoring formel ou informel) ? À qui s'adresser en cas de difficulté durant ma période d'intégration ?
Tendances, mutations	• Le digital a transformé ce secteur ces dernières années : quelles sont les conséquences et nouvelles mutations qui s'annoncent ? • Quelle est la santé financière des entreprises que je vise ? Quelles sont les entreprises concurrentes que je pourrais envisager comme employeur ?
Relations au travail	• Quelle est la culture d'entreprise chez XYZ ? • Quel est le type de relations habituelles entre collègues ? Hiérarchiques ? • Quel est le positionnement du service que je vise ? • Puis-je m'attendre à avoir des relations amicales avec mes collègues – voire à nouer des liens dans mon travail ?

Rythme et organisation du travail, équilibre vie personnelle/vie professionnelle	• Quels sont les horaires habituels dans les sociétés que je vise ? Le volume de congés, de RTT ? Quel est le degré de souplesse pratiqué ? • Le travail à temps partiel/à distance est-il possible/systématique ? • Le rythme de travail est-il régulier ou irrégulier sur l'année ? • Travaille-t-on souvent le soir ? • Quelle est la politique des entreprises que je vise vis-à-vis des mails ? Mon responsable s'attendra-t-il à ce que je réponde à des mails à 22 h ?
Salaire	• Quel est le salaire moyen dans la fonction que je vise ? Le secteur ? Telle entreprise ? • Y a-t-il d'autres avantages à prendre en compte ? • À quel type de progression puis-je m'attendre ?
Recrutement	• Y a-t-il beaucoup de recrutements sur ce poste/ce secteur/cette entreprise ces dernières années/actuellement/dans les années qui viennent ? • Comment se faire embaucher sans la formation/le parcours classique attendu ? • Avec mes compétences/mon handicap/mon âge… comment m'y prendre pour me faire recruter ? • Annonces, candidatures spontanées, réseau, digital… : quels sont les canaux les plus efficaces ?
Perspectives de carrière	• À quelle progression puis-je m'attendre au-delà de ce poste ? Comment est perçu ce poste, ce secteur, cette entreprise par les recruteurs ?
Situations particulières	• Comment vais-je pouvoir me faire recruter après un congé parental de 3 ans ? • Comment me faire recruter à plus de 50 ans ? • Comment identifier et aborder des entreprises du secteur dans la nouvelle zone géographique que je vise ?
Se mettre à son compte	• Quelles sont les compétences nécessaires ? • Quels sont les tarifs habituellement pratiqués ? Les statuts adoptés ? Les investissements à réaliser ? Les charges auxquelles m'attendre ? • Comment trouver mes premiers clients ? Quelles sont les fourchettes de chiffre d'affaires et de revenu des consultants dans ce secteur ? • Combien d'heures dois-je m'attendre à travailler dans une semaine ? Combien de vacances dans une année ?
…	

Mes questions sur mon futur poste

–

–

–

–

Bon à savoir

Attention, certaines questions demandent en parallèle une réflexion de votre part. Des professionnels peuvent vous apporter leurs témoignages, encore faut-il que vous sachiez ce que vous souhaitez. Salaire, revenus lorsqu'on se met à son compte, équilibre entre vie personnelle et vie familiale... **Pour valider si une situation vous convient, il faudra que vous ayez déterminé avec précision vos besoins.** Appuyez-vous sur le travail effectué dans les premiers chapitres et sur votre bilan en une page, approfondissez votre réflexion dès maintenant avant de confronter vos attentes à la réalité du marché.

Ces questions auront souvent trait à l'exercice très concret d'une profession. Vous pourrez peut-être trouver une petite partie des réponses dans des interviews et témoignages, mais pour l'essentiel, quoi de mieux que de parler à des professionnels qui exercent justement le métier que vous envisagez, dans le secteur, l'entreprise, le contexte que vous visez ? C'est ce que je vous propose de faire maintenant.

2. Nourrir et confirmer votre projet grâce au réseau d'information

Le réseau d'information consiste à s'appuyer sur ses contacts et les contacts de ses contacts pour trouver des informations, et non un poste ! Il n'est pas question ici de piston ou de faveur, mais **d'authentique curiosité**. C'est la curiosité qui vous pousse, vous qui êtes en phase de changement, à chercher les réponses à vos questions auprès de professionnels occupant le poste que vous convoitez. On dit souvent que les gens adorent parler d'eux-mêmes et que c'est ce qui ferait le succès du networking : c'est pour cette raison qu'ils accepteront de vous rencontrer et de vous parler de leur métier, leur entreprise, leur secteur. Le plus souvent, ils sont également curieux : ils se demandent ce que vous avez en tête, si leur secteur/poste/entreprise est attractif et pourquoi, comment vous interpréterez leur parcours, si vous pouvez leur amener un nouveau regard, des informations fraîches sur leur secteur…

A. Pourquoi des entretiens pour s'informer ?

Le networking semble parfois mal perçu, voire incompris en France. Avant de se lancer dans ce travail d'information par le réseau, voyons pourquoi.

Grâce à cette démarche, vous trouverez des informations uniques et précieuses que vous ne risquez pas d'obtenir sur Internet ou dans un livre. Il s'agit des réponses aux questions que vous vous posez sur votre future activité, mais aussi des informations pointues sur les standards, les chiffres clés, les tendances de votre future activité et le jargon du secteur ou de la « maison ». Ce peut-être aussi un aperçu des usages, du style vestimentaire et de l'environnement de la tribu à laquelle vous envisagez d'appartenir… Tous ces éléments vous aident à « rentrer dans le rôle ».

Si tout se passe bien, vos premiers entretiens déboucheront sur d'autres contacts et entretiens, et votre démarche réseau avancera toute seule, voire ne s'arrêtera jamais ! Car une fois en poste, si vous avez pris goût au jeu du réseau, vous continuerez à rencontrer d'autres professionnels pour enrichir sans cesse la connaissance que vous avez de votre environnement, développer votre activité et préparer vos futures évolutions, qu'elles soient petites ou grandes.

Ce networking peut déboucher sur de réelles opportunités de poste ou de business. Au fil du temps, en fonction des affinités que vous développerez avec les gens que vous rencontrerez et de vos futures trajectoires, vos contacts vous amèneront des opportunités d'affaires, de nouveaux contacts porteurs et, peut-être un jour, une proposition de poste ou la possibilité de retrouver rapidement un emploi après un coup dur.

D'ailleurs, les personnes qui vous reçoivent le savent bien : aujourd'hui, elles sont en poste, vous êtes en phase d'investigation et elles vous fournissent des informations pointues auxquelles vous n'auriez pas accès sans elles. Mais qui sait si, demain, les rôles ne seront pas inversés ? Même en poste, l'intérêt est grand à « réseauter » pour se tenir au courant, élargir son réseau et préparer demain. C'est aussi pour cela que vos contacts accepteront de vous recevoir.

Nul besoin d'un gros carnet d'adresses ou de connaissances haut placées pour entamer cette démarche réseau. Outre une curiosité sincère envers les personnes que vous allez rencontrer, le seul ingrédient dont vous avez besoin, c'est d'un peu de patience : aussi bien pour identifier les bons contacts et obtenir un rendez-vous, que vis-à-vis des fruits de votre travail. Vous semez aujourd'hui des petites graines qui écloront à une date future et sous une forme encore inconnue. En somme, vous préparez votre futur.

B. Comment identifier et rencontrer les bons contacts ?

Voici un plan d'action, étape par étape, pour identifier les personnes à rencontrer et décrocher un rendez-vous.

■ Identifier

Votre objectif est ici de dresser une liste des contacts utiles qui pourront nourrir votre projet en répondant aux questions que vous vous posez. Notez toutes les idées de contacts qui se présentent (nous aborderons plus loin le nombre et l'ordre de priorité des gens à contacter).

Lister des noms

Partez de votre liste de questions : c'est elle qui vous indiquera les personnes à rencontrer (et vous donnera envie de vous lancer). **Qui peut répondre aux questions que vous avez en tête sur votre projet ?** Des personnes au poste et dans l'entreprise que vous ciblez idéalement, mais encore ? Pensez aux personnes appartenant au même secteur, à la même entreprise ou encore travaillant en étroite collaboration avec les domaines ou métiers que vous ciblez…

Bon à savoir

Les contacts à cibler sont des collègues ou confrères potentiels, voire des membres de l'écosystème qui entoure votre poste cible (sous-traitants, clients, entreprises partenaires ou concurrentes), mais surtout pas des chefs ou recruteurs possibles. Pour l'instant, vous êtes dans une démarche d'investigation et non de recherche de poste. Rencontrer des employeurs potentiels à ce stade serait donc prématuré : attendez d'être suffisamment informé, décidé et armé de vos meilleurs arguments pour faire bonne impression et décrocher le poste.

N'hésitez pas à lister des noms de situations précises (« un consultant indépendant dans le développement durable », « un directeur marketing dans le secteur télécoms B2B », « un responsable innovation chez Renault ou Peugeot »), puis des noms de personnes, que vous les connaissiez déjà ou non. Dans ce dernier cas, vous pouvez vous appuyer sur une simple recherche *via* Google ou sur un réseau social professionnel : en utilisant la recherche avancée de LinkedIn, par exemple, vous trouverez des noms de professionnels exerçant les fonctions que vous ciblez. Pensez à spécifier que vous recherchez des « personnes » et à entrer les noms des secteurs qui vous intéressent.

Si vous êtes dans une situation particulière sur laquelle vous vous posez des questions ou que vous envisagez des modalités de travail précises, pensez aux contacts qui se sont déjà trouvés dans une situation similaire à la vôtre : par exemple, se mettre à son compte, passer de Paris à Caen, de Caen à Martigues ou d'Aix-en-Provence à l'Île-de-France, revenir sur le marché de l'emploi après une longue période d'interruption, travailler à mi-temps, de manière saisonnière ou entre deux pays…

Trouver des mises en relation et des coordonnées

Parmi les postes, situations et noms que vous avez listés, cherchez ceux pour lesquels vous pouvez facilement trouver des coordonnées, voire une recommandation : par exemple, un ami d'ami qui travaille dans le secteur qui vous intéresse ou s'est mis à son compte il y a trois ans avec le statut que vous visez. Scannez votre réseau actuel au sens large (famille, amis, collègues et anciens collègues, anciens d'école, participants rencontrés lors de conférences ou de formations). Les réseaux sociaux professionnels vous permettent d'identifier les contacts qui sont eux-mêmes en relation avec des personnes que vous cherchez à rencontrer : peut-être ces contacts connus pourront-ils vous mettre en relation avec ceux que vous souhaitez rencontrer.

Sur Internet, une recherche sur Google vous permettra d'identifier des gens actifs sur les réseaux sociaux autour de leur activité, les auteurs d'un blog sur leur métier ou des participants à des conférences sur leur secteur…, autant de pistes d'informations à éplucher et suivre. Ces professionnels se montrant intéressés par l'échange autour de leur activité, il sera donc peut-être plus facile d'entrer en contact avec eux. Cependant, vérifiez d'abord qu'ils n'ont pas eu l'occasion de raconter leur parcours sur leurs blogs et sur celui d'autres auteurs (certains reconvertis ou contacts médiatiques l'auront fait plusieurs fois !). Si tel est le cas, la moindre des choses est de commencer par lire ce qu'ils y ont raconté, de les « googliser » soigneusement et de les contacter si vous avez encore des questions sur leur parcours. Ces auteurs qui s'exposent étant parfois plus sollicités que les autres, tenez compte d'une éventuelle lassitude ou indisponibilité s'ils ne vous répondent pas.

Enfin, chaque entretien peut vous apporter d'autres contacts : ceux de la personne que vous rencontrez et dont elle voudra bien vous faire part (nous verrons plus loin comment les obtenir).

À l'extrême, vous n'auriez donc besoin que d'un entretien pour démarrer votre recherche ! Dans la pratique, nous vous conseillons d'identifier **au moins cinq contacts** à rencontrer pour arriver à en rencontrer effectivement au moins trois (sans limite maximum !), sans compter bien sûr des contacts pouvant vous apporter des informations sur une situation particulière.

Vous n'avez pas encore trouvé comment entrer en contact avec les personnes que vous avez repérées ? Voici quelques conseils :

- Vérifiez si la personne fait partie de votre réseau étendu sur LinkedIn ou Viadeo. Les chances d'aboutir pour démarcher un parfait inconnu par ce biais étant plus faibles, tâchez de vous faire recommander par un contact intermédiaire.
- Il est parfois possible d'extrapoler l'adresse e-mail professionnelle d'une personne à partir de n'importe quelle autre adresse e-mail de la société (si l'adresse e-mail du responsable presse de Dugenou SA est renan.dupont@dugenou.com, vous pouvez tenter d'écrire à Romain Durand de la même société à l'adresse **romain.durand@dugenou.com**).
- Avant l'ère d'Internet et du networking généralisé, de courageux chercheurs d'emploi menaient déjà des entretiens d'information. Comment s'y prenaient-ils ? Ils s'armaient d'un annuaire et d'un téléphone pour démarcher directement les personnes qu'ils souhaitaient rencontrer. Vous pouvez vous en inspirer et passer un coup de fil poli à la personne en question en lui expliquant votre démarche.

Votre liste compte peut-être bien plus que trois ou cinq noms : tant mieux ! Sélectionnez pour commencer les personnes les plus indiquées et les contacts à réserver pour plus tard, au cas où les premières demandes de contact ne fonctionneraient pas ou si le contenu des entretiens s'avérait insuffisant.

Un conseil cependant : si cela vous est possible et plus facile, démarrez votre série de prises de contact par des personnes abordables et sans aucun enjeu ou « danger » pour vous, tel qu'un ami ou un contact un peu périphérique par rapport à votre recherche. Vous pourrez ainsi rôder votre stratégie et vos questions avant de passer à des entretiens plus importants.

Bon à savoir

Pour approfondir votre investigation par le réseau, inspirez-vous de la méthode PIE[1] ou du blog[2] et des livres d'Hervé Bommelaer.

Contacter

Les premières prises de contact se font par mail, téléphone ou *via* un réseau social suivant les informations dont vous disposez et vos préférences.

Quel que soit le mode de contact choisi, **mettez en avant le nom de la personne qui vous recommande**, puis expliquez brièvement l'objet de votre requête en insistant sur votre démarche d'investigation (par opposition à une recherche de poste qui pourrait effrayer votre interlocuteur).

Si vous vous adressez par écrit à la personne, n'hésitez pas à la relancer une fois si vous ne recevez pas de réponse, de préférence par téléphone. Demandez simplement à la personne si elle a eu le temps de consulter votre message et s'il est possible de la rencontrer. Vos interlocuteurs restent libres de vous répondre, de vous rencontrer... ou pas.

Fixez un rendez-vous en face à face, et non par téléphone ou Skype, autant que possible : vous obtiendrez plus de temps, d'attention et d'informations. En vous rendant au bureau de la personne que vous rencontrez, si elle vous le propose, vous aurez en plus un aperçu de son environnement de travail et créerez un rapport professionnel.

1. Daniel Porot, *Comment trouver une situation et décrocher le job de vos rêves*, chapitre 5, Solar, 2014.

2. **http://hervebommelaer.blogspirit.com/**

Exemple

Une prise de contact par mail

Objet : prise de contact *via* Paul Durand

Bonjour,

Je vous contacte de la part de Paul Durand qui pense que vous pourriez m'être d'une aide précieuse. Manager dans le conseil en marketing depuis 10 ans, j'envisage de reprendre un poste opérationnel en entreprise dans le secteur des transports. Je suis en phase de réflexion pour l'instant. J'ai vu sur LinkedIn que vous aviez vous-même vécu cette transition du conseil vers une entreprise et aimerais beaucoup en savoir plus sur votre expérience : pourrions-nous nous rencontrer ? Notre entretien ne durerait pas plus de 30 minutes. Je serais ravie de me déplacer à votre bureau ou tout autre lieu pratique pour vous.

Bien cordialement,

Amélie Fournier

C. Comment mener un entretien réseau efficace en trois étapes ?

■ Avant l'entretien : préparez-vous

Consultez les informations disponibles en ligne sur votre contact : parcours LinkedIn, éventuels articles et témoignages, informations sur sa société. Inutile de le rencontrer pour lui demander des choses que vous pourriez apprendre autrement.

Construisez soigneusement votre plan d'entretien à partir de vos questions et des étapes proposées ci-après (*cf.* point suivant). Prévoyez de vous présenter en deux minutes au début de l'entretien, en vous concentrant sur ce qui explique votre démarche actuelle, mais sans revenir sur le détail de votre parcours : vous venez rencontrer et interviewer quelqu'un, pas parler de vous (appuyez-vous sur le développement consacré au pitch

p. 128 si besoin). **Veillez à orienter votre préparation et vos questions sur la personne que vous rencontrez et son expérience.** Par exemple, elle ne sera sans doute pas en mesure de vous renseigner sur le marché du recrutement dans son secteur en général, ni vous dire quelle est la meilleure option professionnelle pour vous. En revanche, elle pourra partager avec vous l'expérience de ses propres prises de décisions et/ou de son recrutement, et de ceux dont elle est témoin dans son entreprise.

Enfin, **présentez-vous habillé et préparé comme pour n'importe quel rendez-vous professionnel**, et soyez ponctuel et poli ! Munissez-vous de vos cartes de visite et de quoi prendre des notes (mais surtout pas de votre CV puisqu'il s'agit d'un entretien de réseau et, en aucun cas, d'un entretien de recrutement).

■ L'entretien

Voici une structure possible d'entretien. Les points incontournables sont indiqués en gras.

Entrée en matière : remerciements, durée de l'entretien, présentation

Remerciez la personne de vous recevoir et vérifiez le temps dont elle dispose pour votre entretien : à vous de gérer le temps en conséquence !

Présentez-vous rapidement (en deux minutes) et rappelez l'objet de votre démarche en insistant sur le fait que vous êtes pour l'instant en phase d'exploration (au besoin, rendez-vous p. 128 pour vous aider à préparer votre pitch).

Donnez votre carte de visite à votre interlocuteur, qui vous donnera la sienne en retour dans 95 % des cas : ce petit geste inscrit votre entretien dans le cadre d'une relation d'affaires professionnelle (et non d'un entretien de recrutement ou d'un rendez-vous informel). La carte de visite de votre interlocuteur vous fournira peut-être d'autres informations : titre exact, numéro de mobile…

Lors des présentations ou en tout début d'entretien, n'oubliez pas de **citer à nouveau votre recommandation**, éventuellement en échangeant des nouvelles à son propos ou en expliquant comment vous connaissez votre relation commune.

Enfin, prévoyez de **prendre quelques notes**..., mais pas trop : tâchez de rester dans le cadre d'une conversation entre deux personnes qui se découvrent, d'égal à égal. Il peut être désagréable pour votre interlocuteur de vous voir vous précipiter sur votre stylo à chaque fois qu'il vous fournit un chiffre. Complétez vos notes dès la sortie de l'entretien au besoin.

Quelques questions indispensables

Commencez par deux questions clés qui peuvent déclencher l'envie de partager :

- *Comment êtes-vous arrivé à ce poste ?* Ou une variante en fonction de ce que vous savez de la personne, *Comment avez-vous choisi ce poste/secteur ?*
- *Qu'aimez-vous le plus dans votre métier ?*

Puis :

- *Qu'aimez-vous le moins ?*
- *Quelles sont les compétences indispensables pour réussir à ce poste ?*
- *Quelle est la prochaine étape de votre carrière ?*

Vos propres questions

À ce stade, la personne s'est détendue en vous racontant ce qu'elle aimait, son métier, son entreprise... Vous pouvez donc passer à vos questions, quelles qu'elles soient. **Veillez simplement à transformer vos propres interrogations en questions centrées sur son expérience.**

Exemple : Votre question « Comment me faire recruter à ce poste à plus de 50 ans ? » vous amènera à rechercher un quinquagénaire embauché dans cette fonction à qui demander : « Par quel canal avez-vous été recruté ? Quels points forts aviez-vous mis en avant ? »

Réservez les questions les plus délicates, notamment celle du salaire, pour la fin d'entretien, si le courant est bien passé. Procédez avec diplomatie, en offrant des portes de sortie à votre interlocuteur. Exemple : « Je ne sais pas si vous pourrez me répondre, mais me donneriez-vous une fourchette (une idée) de salaire à votre poste ? »

Pour terminer : remerciement, autres contacts

Vous pouvez demander à votre interlocuteur s'il a des noms de personnes à vous communiquer occupant le même poste que lui (ou un poste avec une spécificité qui correspondrait encore mieux à votre investigation). Dans l'affirmative, demandez-lui s'il vous est possible de les contacter de sa part. **Si vous dites que vous allez le faire, alors faites-le !**

Surtout, **remerciez chaleureusement votre interlocuteur**. On recommande parfois de demander à son interlocuteur si on peut lui être utile en retour : faites-le si cette proposition vous semble juste et sincère. Vous avez peut-être des informations ou un point de vue à lui apporter, et c'est un moyen de renforcer votre crédibilité comme pair professionnel.

■ Après l'entretien

Côté réseau – Dans tous les cas, remerciez votre interlocuteur par e-mail ou par courrier (le « *thank you note* », courrier de remerciement, redevient très chic, voire est attendu dans des secteurs comme la mode et le luxe). Formulez de manière précise ce que vous avez apprécié au cours de votre échange (plutôt que de vous contenter de remercier la personne « pour son temps »).

Pensez aussi à remercier la personne qui vous a mis en contact.

Gardez contact avec votre interlocuteur, au minimum *via* un réseau social comme LinkedIn et en lui donnant de vos nouvelles quand vous aurez fait aboutir votre projet.

Lorsque l'entretien se passe agréablement et que vous avez l'impression d'affinités mutuelles avec votre interlocuteur, mettez-le dans votre liste de contacts préférés. Envoyez-lui de temps en temps un article susceptible de l'intéresser, proposez-lui de déjeuner avec vous dans quelques mois, quand vous aurez trouvé votre poste. Bref, faites mieux que garder contact : faites vivre la relation !

Bon à savoir

Vaincre ses résistances au réseau…

Il peut vous sembler intimidant, gênant ou difficile de démarcher ainsi de nouveaux contacts et de passer du livre et de la réflexion à la rencontre avec des professionnels :

- Commencez vos entretiens par des personnes qui vous semblent faciles d'accès, même si elles se trouvent plus éloignées de votre objectif final. Par exemple, un ami professionnel du secteur que vous visez, mais occupant une autre fonction.
- Réfléchissez à cette question : Assumez-vous votre projet ? Peut-être avez-vous besoin de lever une incertitude sur un point bloquant en particulier pour pouvoir avancer... et de décrocher votre téléphone
- Souvenez-vous que vos interlocuteurs ont leurs propres motivations pour accepter de vous rencontrer : s'ils vous reçoivent, c'est qu'ils y gagnent quelque chose, d'une manière ou d'une autre.
- Le réseau, comme le portefeuille de réussites, est une démarche qui peut vous servir toute votre vie ! Lorsque vous serez en poste, vous pourrez l'adapter à la collecte d'informations auprès de tous les acteurs de votre filière sur les métiers, standards, tendances, mouvements… Prenez le temps de l'apprivoiser avec le mode qui vous convient.
- La majorité des gens ont envie de rendre service (si vous n'en abusez pas) et les personnes qui vous reçoivent ont choisi de vous rencontrer !

Côté investigation de votre projet – À l'issue de chaque entretien, balayez votre liste de questions sur votre future activité : lesquelles vous semblent maintenant solidement éclaircies ? Lesquelles sont en voie de l'être ? Lesquelles sont toujours en attente ? De nouvelles questions importantes sont-elles apparues ? Gardez un œil vigilant sur les questions essentielles pour lesquelles vous avez besoin de réponses pour vous décider : notamment les compétences clés du poste sans lesquelles vous ne pourrez pas valider votre crédibilité comme candidat pour le poste.

3. Votre projet est-il réaliste, cohérent et « écologique » pour vous ?

Trois à quatre semaines après le démarrage de votre démarche d'investigation, effectuez un point global sur votre projet.

Le but est d'évaluer, à l'aide des informations issues de vos entretiens, la viabilité de votre projet du point de vue du marché et de son adéquation avec vos envies et besoins.

A. Qu'est-ce qu'un bon projet ?

Voici un cas de figure idéal, vers lequel tendre…

■ Précis

Suffisamment fin – « Directeur marketing », par exemple, est un objectif trop large. C'est aussi le cas de « directeur marketing dans les services ou l'informatique ». Précisez vos secteurs de prédilection et nommez les cinq à dix entreprises dans lesquelles vous préféreriez travailler : vous identifierez ainsi des pistes plus concrètes de contacts et de démarches et serez plus crédible vis-à-vis d'un recruteur. Pensez également aux modalités.

Suffisamment large – Votre objectif doit permettre de définir un marché réel (*cf.* le point « Réaliste » ci-après). Attention notamment aux secteurs pionniers sur lesquels la réalité des recrutements est encore très mince (par exemple, un poste de marketing junior en développement durable ou de financier en investissement éthique).

Factuel et chiffré – Quantifiez les informations que vous avancez et formulez avec finesse votre cible en vous appuyant sur les données obtenues notamment lors de vos entretiens avec des professionnels. À ce stade, elles concernent les parcours, la taille du marché ou les salaires.

■ Réaliste

Il y a un marché de recrutement avéré : vous avez obtenu des données factuelles lors de vos entretiens et/ou vos recherches sur Internet. Vos interlocuteurs vous ont fait part d'opportunités de recrutement.

Vous avez identifié à l'aide d'au moins trois sources **les cinq à dix compétences clés pour le poste** et vous avez de solides **arguments** à mettre en face. C'est d'autant plus vrai si vos interlocuteurs vous ont alerté sur les difficultés de recrutement dans leur secteur : dans ce cas, vous avez également identifié les canaux de recrutement spécifiques et ajusté la largeur de votre objectif aux possibilités du marché. Vous commencez à avoir une idée de démarches à mener pour démarrer la mise en œuvre de votre projet.

■ En adéquation avec vos besoins

Tous les points soulevés au cours du chapitre 3 sont couverts par votre projet : valeurs, environnements préférés, cahier des charges…

B. Valider votre projet

Pour clôturer votre phase d'investigation et valider la solidité de votre projet, vous pourrez passer par une ou plusieurs des actions listées ci-après, en procédant si besoin par étapes successives et itérations.

Vous avez peut-être identifié des zones d'incertitude et/ou des obstacles au cours de votre démarche : compétences que vous ne possédez pas encore, difficulté de l'activité à laquelle vous ne savez pas encore comment faire face, état du marché, aspects financiers, évolution du secteur à moyen terme… (Si ce n'est pas le cas, êtes-vous certain d'avoir examiné votre projet sous tous ces aspects ?). Vous allez maintenant lever ces questions essentielles les unes après les autres.

Bon à savoir

Évaluer son projet avec réalisme

Durant cette phase, tout au plaisir de la découverte d'une nouvelle activité et de contacts sympathiques, vous pouvez être tenté de minimiser les aspects négatifs ou les difficultés. Par exemple, dans le cas d'une reconversion, vous pouvez rassembler des informations concordantes sur les faibles revenus de vos interlocuteurs au fil des entretiens d'information, et vous hâter de conclure que l'argent n'a jamais été un objectif en soi pour vous et/ou que vous vous en êtes très bien tiré jusque-là financièrement : vous trouverez forcément une solution en temps utile. Pourtant, **prendre le temps de regarder les sujets sensibles en face, c'est vous permettre de préciser ce dont vous avez besoin et de répondre à vos inquiétudes** : dans notre exemple, il s'agit d'évaluer plus finement vos besoins financiers ou de retoucher votre projet.

Analyser les informations reçues au regard de vos compétences et de vos besoins

Prenez le temps d'analyser l'ensemble des informations récoltées et leur impact éventuel sur votre projet. Vous pouvez compléter la première description de votre projet : des éléments rédigés noir sur blanc seront plus précis.

Validez que l'activité que vous allez embrasser est en accord avec :

- D'une part, vos compétences et vos possibilités : vous faites un candidat sérieux.
- D'autre part, vos besoins : cette activité vous permettra de développer vos compétences préférées, sera en accord avec vos valeurs fondamentales, et compatible avec vos besoins matériels.

Ce n'est pas parce que deux personnes vous ont raconté répondre au moins une fois par semaine à des e-mails professionnels après la fin de leur journée de travail qu'il faut en faire une généralité ou que vous n'arriverez pas à faire différemment. À vous de réfléchir à l'importance de ce critère pour vous et/ou de l'indépendance d'esprit et de l'habileté dont vous avez su faire preuve dans des situations similaires.

Focus

Envisager et préparer une baisse de revenus

Si vos recherches et vos entretiens d'information mettent en évidence de faibles revenus attendus, il est temps d'affronter de plus près la variable financière et de dépasser l'habituel « Je ne peux pas me permettre de baisser mon niveau de vie » ou son acolyte « Je souhaiterais toucher 15 à 20 % de plus ». Des études indiquent que nous avons tendance à situer le salaire idéal à 20 % de plus que le nôtre, quel qu'il soit !

Il s'agit d'une réflexion fondamentale pour votre avenir. Voici quelques conseils pour commencer votre réflexion sur le salaire (ou revenu d'activité) dont vous avez besoin.

Crayon ou tableur et relevés bancaires en main, prenez en compte :

- **Vos besoins matériels de base** : le minimum indispensable pour couvrir vos frais essentiels (logement, alimentation, santé...).
- **Votre objectif de revenus pour vivre bien.** Même en tenant compte d'une nouvelle vie professionnelle plus épanouie, quelles sont les dépenses secondaires sur lesquelles vous ne souhaitez pas transiger ? Financer les études de vos enfants, réaliser un beau voyage tous les deux ans, entretenir votre passion pour la gastronomie avec de bonnes tables de temps en temps... Quelle importance relative leur accordez-vous ?
- **Vos besoins statutaires.** Même en vivant bien, on peut redouter de devenir le « parent pauvre » au sein de sa famille, communauté, bande d'anciens camarades de classe. Imaginez-vous dans des situations potentiellement délicates : comment pourriez-vous contrebalancer ou pallier de moindres revenus ? Avez-vous identifié des modèles autour de vous ? Comment fonctionnent-ils ?
- **Les ressources autres que le salaire sur lesquelles vous pourriez compter** (propriété de votre logement, revenu complémentaire).

Si nécessaire, ajustez votre projet pour qu'il permette votre équilibre et votre plaisir de vivre.

■ Aménager votre projet

Vous serez parfois amené à remodeler votre projet pour qu'il soit valide.

Par exemple, vos entretiens réseaux vous indiquent que le secteur dans lequel vous vous projetez est étroit en termes d'opportunités de recrutement : vous pouvez alors élargir votre cible à des secteurs voisins, compatibles avec votre cahier des charges et porteurs pour progresser vers votre domaine de prédilection. Si c'est une compétence essentielle qui vous manque, vous pouvez prévoir de passer par un poste intermédiaire pour l'acquérir.

Focus

Mon projet ne convient pas, je me suis trompé de projet, que faire ?

Pas d'aménagement possible, votre projet pêche franchement par un bout ou un autre.

Prenez quelques jours de pause en oubliant votre recherche pour laisser décanter ce que vous avez entrepris jusqu'ici. Avez-vous obtenu suffisamment d'informations lors de vos entretiens réseaux pour décider d'arrêter votre projet ? Au besoin, complétez votre recherche pour prendre votre décision en connaissance de cause. Le cas échéant, prendre conscience qu'un projet caressé de longue date n'est pas viable ou souhaitable peut s'avérer douloureux sur le moment, mais salutaire pour la suite car vous pourrez vous tourner vers de nouvelles options plus porteuses pour vous.

Revenez en amont par itérations : commencez par le top 5 de vos idées de poste puis, si ce n'est pas suffisant, par l'ensemble des postes que vous avez envisagés. Si ce n'est déjà fait, vous pouvez réaliser une session de créativité complète autour des postes que vous pourriez occuper, voire à l'exercice sur vos besoins (*cf.* l'encadré p. 66) pour vous concentrer sur ceux qui vous sont essentiels.

Faites-vous accompagner par un professionnel, si besoin, pour passer cette étape de choix.

Affiner votre démarche réseau

Poursuivez vos entretiens d'information en parallèle, en profitant aussi des contacts fournis lors de vos premiers rendez-vous et avec des questions et des rencontres de plus en plus ciblées : entreprises plus proches de votre idéal, questions sur les tendances et évolutions futures du métier, interrogations sur les usages du secteur, fins d'entretien consacrés aux modes de recrutement, à la progression dans l'entreprise et/ou au salaire.

Bien entendu, vous continuerez à respecter les fondamentaux de l'entretien d'information, en particulier la distinction avec un entretien de recrutement ou d'exploration en vue de se faire embaucher. Positionnez-vous en « investigateur », et non en chercheur d'emploi, tant que votre projet n'est pas validé et que vous n'avez pas encore conçu votre stratégie et vos outils de recherche. Cependant, adaptez votre accroche lors de la prise de rendez-vous et en début d'entretien pour être transparent sur votre situation et l'état de votre projet : la sincérité est indispensable. Voici une suggestion d'angle d'attaque : « J'affine actuellement mon projet de reconversion comme…, j'ai déjà rencontré cinq personnes dans ce domaine, et je souhaiterais vous rencontrer pour vous poser quelques questions sur votre expérience, notamment… (tel aspect particulier). »

S'il vous manque des informations sur un point précis, vous pouvez faire appel à l'un des contacts déjà rencontrés. Signalez-lui que cette question vous est venue depuis votre rencontre et à quel point elle est importante pour vous.

Le réseau, c'est aussi les conférences, salons, ateliers, formations auxquels vous continuez à participer.

Vous appuyer sur un regard extérieur

Faites bien sûr appel à votre binôme ou votre groupe de travail si vous en avez un.

Peut-être avez-vous identifié, parmi vos contacts d'entretien ou en réserve, une personne particulièrement bienveillante à votre égard, intéressée par votre démarche de changement et avec laquelle le contact passe bien ? Si possible quelqu'un qui ne sera pas juge et partie dans votre projet : ni trop proche de vous, ni un futur collègue ou un concurrent. Un jeune retraité ou futur retraité de la fonction que vous visez serait idéal ! Dans ce cas, voyez s'il accepterait de vous donner son avis sur votre projet : résumez-le-lui en cinq minutes, puis demandez-lui son avis sur des éléments précis : évaluation de votre crédibilité comme candidat, questions suscitées par votre projet, conseils ou contacts à vous fournir.

Prendre en compte « l'écologie » de votre projet

Au-delà de la sphère professionnelle, prenez un temps de réflexion pour examiner la compatibilité de votre projet avec votre « écologie », c'est-à-dire son adéquation avec votre équilibre de vie et la globalité de votre personne, avec ses différents rôles, besoins, contraintes.

La réalisation de ce projet professionnel peut-il perturber l'un des autres aspects de votre vie ? Considérez également les aspects qui vous semblent *a priori* très positifs (« Dans ce nouveau poste, je vais beaucoup voyager, ce qui est une source de motivation…, mais signifie par ailleurs que je vais moins voir mes amis/ma famille/ma maison », « Si je deviens manager comme je l'envisage…, j'aurai moins de projets en direct »). Posez en face de ces inconvénients les priorités ou solutions possibles.

Si vous le souhaitez, vous pouvez refaire l'exercice du chapitre 1 avec votre nouvel objectif maintenant plus précis (*cf.* p. 15).

Focus

Avant d'envisager une reconversion, une installation à son compte ou une création d'entreprise

Il s'agit d'une décision importante. Vous trouverez ici quelques considérations à prendre en compte. Appuyez-vous en outre sur les relais d'aide à l'installation ou la création d'entreprise qui peuvent vous conseiller dans votre démarche. Le site de l'APCE (Agence pour la création d'entreprise, **www.apce.com**) est une mine d'informations. Si vous êtes inscrit chez Pôle Emploi, vous aurez peut-être accès à un parcours de créateur d'entreprise et, pour commencer, à un atelier pour mesurer vos forces et vos faiblesses en tant que potentiel créateur.

Faites le point sur vos contraintes et sur les éléments rassemblés lors de vos entretiens, notamment à propos des variables temps et argent : Quels sont les délais et progression de revenus dont vous ont fait part vos interlocuteurs ? Coïncident-ils avec vos revenus et votre épargne ? De quelle marge d'erreur disposez-vous ? Avez-vous trouvé des modalités favorables d'aménagement de votre transition (par exemple, un congé à temps partiel pour création d'entreprise au sein de votre poste actuel) ? Avez-vous discuté de ces changements avec vos proches, notamment votre conjoint ?

Multipliez les entretiens d'information pour prendre en compte toutes les facettes de votre future activité, sans limite maximum, bien au contraire : ils seront aussi l'occasion d'identifier de futurs partenaires, clients, fournisseurs. Il n'est pas rare de réaliser en tout 70 à 100 entretiens pour créer son entreprise ou réaliser une reconversion délicate. À côté des entretiens sur le métier ou le secteur, vous pouvez ajouter des entretiens faciles à mettre en place avec des personnes ayant vécu une reconversion quelle qu'elle soit.

Recherchez des ressources spécifiques (livres, coaching ciblé, accompagnement par une association, mentoring formel ou non).

Dans ce livre, les chapitres 6 et 7 sont orientés vers la recherche d'un poste. Vous pouvez néanmoins les utiliser pour dresser votre plan d'action (p. 119), poursuivre votre démarche réseau (p. 115), concevoir vos outils de communication (chapitre 7, en particulier les développements sur le pitch et les fondamentaux des réseaux sociaux), en adaptant les conseils aux spécificités de votre projet.

Check-list

Votre projet

À ce stade, vous avez :

- Décrit précisément votre projet : vous savez ce que vous cherchez et pouvez l'expliquer rapidement.
- Réalisé 3 rendez-vous (grand minimum) avec des professionnels occupant le type de poste que vous visez. Il n'y a pas de maximum au nombre de ces rendez-vous, veillez simplement à respecter le planning que vous vous êtes fixé.
- Examiné le réalisme et la cohérence de votre projet avec ce que vous pouvez offrir (compétences, expérience) et ce que vous souhaitez (besoins, valeurs, affinités).
- Pris en compte l'impact du changement professionnel que vous envisagez sur votre écologie et votre équilibre global.

6. Recherche active : définir votre cible et votre stratégie

Objectif de cette phase : dresser et mettre en œuvre un plan d'action afin de concrétiser votre projet et décrocher le poste que vous visez.

Au programme : rédiger votre cible de recherche, poursuivre et utiliser votre démarche réseau, dresser votre plan d'action.

Le temps : donnez-vous trois heures pour décrire votre cible et concevoir votre plan d'action. La mise en œuvre, elle, ne dépend pas uniquement de vous et peut s'étaler sur plusieurs mois. Gardez en tête votre planning original et vos besoins : si votre recherche s'éternise trop à votre goût, consultez l'encadré « Ma recherche ne donne rien, que faire ? » (*cf.* p. 153).

Votre progression :

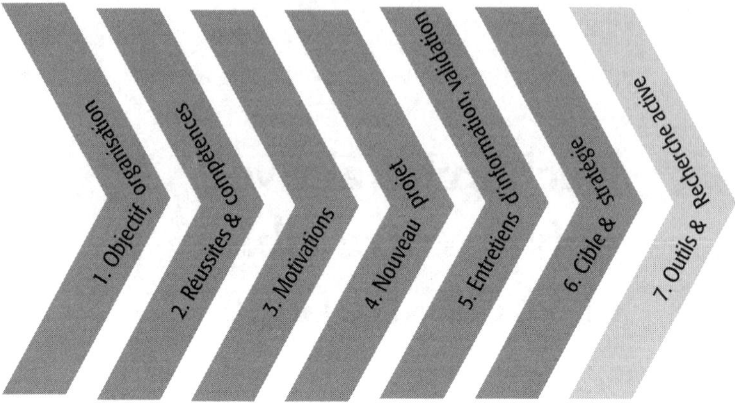

1. VOTRE OU VOS CIBLES

Décrivez de manière synthétique mais factuelle votre ou vos cibles de recherche.

Ma cible

- Intitulé(s) du poste :
- Secteurs :
- Zone(s) géographique(s) :
- 5 à 10 entreprises types où j'aimerais exercer cette fonction :
- 3 à 5 points forts de mon profil pour le poste :

Comme pour la validation de votre projet, vérifiez que votre cible n'est ni trop large, ni trop étroite afin qu'elle soit un moteur en vous permettant d'imaginer des pistes d'actions suffisamment concrètes et nombreuses. Il sera plus facile de lister des idées de démarches et de contacts à partir d'une cible précise – comme : « Responsable marketing digital pour une marque de prêt-à-porter de luxe (idéalement : Gucci, Saint Laurent, Alexander Mc Queen...) » – qu'à partir d'une cible trop large comme « Responsable marketing ». **Prenez la peine d'identifier des entreprises où vous aimeriez particulièrement exercer vos fonctions** : cette liste non limitative vous mènera à des noms de contacts, des organigrammes, de nouvelles démarches réseau, autant d'actions concrètes qui faciliteront le démarrage de votre recherche.

Cette description vous semble redondante par rapport au contenu de votre projet détaillé au chapitre précédent ? Pourtant, **savoir synthétiser votre but est capital pour pouvoir imaginer le plan d'action le plus efficace et expliquer l'objet de votre recherche et la pertinence de votre candidature à vos interlocuteurs**. Désormais, vous n'êtes plus seulement investigateur de projet (même si vous restez à l'écoute de toute information concernant votre secteur et votre métier), mais aussi et surtout investigateur d'opportunités concrètes de job ! En particulier lors de vos entretiens réseaux, vous ne vous présenterez plus comme étant en recherche d'information, mais avec un pitch vendeur et adapté à votre interlocuteur (*cf.* chapitre 7).

2. Annonces, réseau, candidatures spontanées, réseaux sociaux... : quelles démarches privilégier ?

Pour dresser votre plan d'action, commencez par lister toutes les démarches que vous pourriez mener pour trouver le poste que vous visez, sans vous censurer, ni vous préoccuper pour l'instant de leur faisabilité. **Soyez aussi précis que possible** dans les actions que vous envisagez et chiffrez-les au maximum (par exemple, lister cinq entreprises du secteur pour lesquelles j'aimerais travailler, lister et contacter trois cabinets de recrutement spécialisés...) : ainsi, ces suggestions seront concrètes et possibles à mettre en œuvre. **Notez bien que toutes ces idées ne seront**

pas nécessairement réalisées, mais ordonnées ensuite dans un plan d'action : ne vous bridez pas sur la quantité…

Pensez au-delà des annonces et des outils pour les pister. Imaginez plutôt tous les moyens qui vous permettront **d'obtenir la meilleure information possible sur les mouvements dans les entreprises qui appartiennent à votre cible et de vous rendre visible auprès des interlocuteurs clés.** S'il n'existe pas, à notre connaissance, de données fiables et récentes sur les canaux de recrutement par secteur et par fonction[1], les trois quarts des emplois au global sont encore pourvus grâce à des candidatures spontanées, au réseau ou à de la réembauche. Seuls 7 % des recrutements sont pourvus par une annonce[2] !

Voici une marche à suivre possible :

- Donnez-vous un temps limité, par exemple vingt minutes, pour plus d'efficacité.
- Relisez votre descriptif de projet et votre synthèse de cible.
- Consultez votre liste d'idées de démarche de recherche et de networking (*cf.* p. 25), ainsi que les idées de démarches évoquées lors de vos entretiens d'information, à suivre en priorité !
- Si cela vous facilite la tâche, imaginez que vous conseillez un ami sur sa recherche. Vous pouvez aussi effectuer ce travail de brainstorming avec un ou deux work buddies bienveillants.
- Pensez aux actions qui ont bien fonctionné pour vous jusqu'ici. Au besoin, reportez-vous à votre courbe de satisfaction professionnelle : Comment se sont déroulées vos précédentes transitions professionnelles ? Qu'est-ce qui a bien marché pour vous ?

---

1. Signalons tout de même le rapport de recherche du Centre d'études de l'emploi « Pratiques de recrutement et sélectivité sur le marché du travail » comprenant une mine d'informations par secteur. *Cf.* **http://www.cee-recherche.fr**.

2. « Comment êtes-vous entré(e) dans votre entreprise ? Les enseignements des enquêtes Emploi 2003-2011 », Guillemette de Larquier, Géraldine Rieucau, Centre d'Études de l'Emploi, 2012

- Prenez en compte vos ressources personnelles : par exemple, un goût naturel pour la recherche d'informations sur Internet qui vous inspirera une idée d'alertes Google sur des séries de mots clés, ou encore l'active association d'anciens de votre école auprès de qui vous pourrez suivre des ateliers ou conférences exclusives.
- Une fois votre temps de créativité épuisé, organisez vos actions par thème.

Voici un exemple de notes d'actions regroupées par thèmes et rédigées par un candidat suite à la construction de son projet.

Outils (prioritaire) Rédiger mon pitch Mettre les mots clés de mon profil LinkedIn à jour suite à l'élargissement de ma cible (ajouter les secteurs X et Y) Mettre à jour mon profil Viadeo avec les éléments de mon profil LinkedIn, plus complet (*cf.* Viadeo très utilisé par entreprise ABC et XYZ) Remettre mon CV à jour Rédiger une base de lettre de motivation	**Réseaux sociaux professionnels** Faire 5 nouvelles demandes de contact LinkedIn par semaine Regarder les contacts proposés par LinkedIn et approuver les plus intéressants Passer 5 minutes par jour sur LinkedIn et/ou Viadeo pour « écouter », lire, regarder les offres et partager un article, liker, féliciter Identifier 5 (ou 10...) liens faibles intéressants avec lesquels me reconnecter Consulter 10 groupes LinkedIn liés à ma recherche et vérifier qu'ils sont actifs et pertinents avant de m'y inscrire
Ciblage (prioritaire) Lister un top 10 (ou plus !) des cibles idéales (tel poste dans telles entreprises) Chercher des infos sur les fonctions que je vise *via* LinkedIn/Google pour chacune et rencontrer les personnes accessibles dans ces entreprises Identifier 1 ou 2 microniches idéales et investiguer par des recherches et RDV réseau Envoyer 10 candidatures spontanées ciblées	**Visibilité/autres réseaux sociaux** Regarder quels pairs sont présents et actifs sur quels réseaux sociaux (benchmark), notamment Twitter : décider les actions à mener Partager au moins 2 fois par semaine un article issu de ma veille Rechercher 20 comptes pertinents à suivre sur Instagram, définir ma stratégie de publication avec comme objectif de poster 10 fois par semaine (signalé par J. Durand) M'inscrire sur le forum ZZ

Réseau	**Annonces**
Préparer une approche possible (RDV en tête à tête, investigation sur un secteur, discours...) et un pitch pour les membres de l'association XXX Participer à 1 ou 2 groupes associatifs (anciens, associations professionnelles/industrie, réseaux type BNI...)	Sélectionner les 3 sites d'annonces les plus pertinents et complémentaires pour ma recherche et mettre en place des alertes e-mails Consulter chaque semaine le site d'annonces spécialisé signalé par M. Dupont
Veille secteurs/métier	**Cabinets**
Identifier 2 à 5 thèmes de veille supplémentaires : secteur, thématiques... (exemple : marketing digital) Élargir la veille aux nouveaux secteurs envisagés Créer des alertes Google pour suivre les entreprises et les personnes cibles Assister à au moins une conférence/atelier/événement par mois (thématique carrière ou approfondissement technique)	Contacter M. Xxx, chasseur de tête spécialisé, pour une demande de RDV (mise en contact par Paul B.) Identifier 5 chasseurs de tête importants sur les cibles/industries. Les contacter pour RDV

Hiérarchisez ensuite les idées que vous allez mener en priorité dans un **plan d'action** :

- Commencez par les actions qui vous semblent indispensables, faciles et/ou porteuses.

  Exemple : l'inscription à des alertes sur trois sites d'annonces d'emploi (ou jobboards) ne vous permet de couvrir que le marché visible de l'emploi (bien plus faible en volume que le marché caché), mais ne vous prendra pas plus de quelques minutes.
- Tenez compte, là encore, des informations fournies par vos recherches, vos entretiens réseau et des spécificités de votre cible.

  Exemple : suivant les secteurs, les entreprises et les fonctions, les réseaux sociaux sont plus ou moins utilisés par les recruteurs (et ce ne sont pas les mêmes).
- Fixez-vous des dates limites et réalistes pour chaque action, ainsi que des rendez-vous réguliers pour enrichir et revoir votre plan d'action.

3. Le réseau, le réseau, toujours le réseau...

Et pendant ce temps-là, que devient votre démarche réseau ?

Informez les personnes que vous avez rencontrées de votre orientation définitive et du démarrage de votre campagne de recherche. Ne joignez pas votre CV, contentez-vous de donner de vos nouvelles aux personnes qui ont pris le temps de vous renseigner il y a quelques semaines ; si elles entendent parler d'un poste, il y a fort à parier qu'elles évoqueront votre nom ou vous feront signe.

Surtout, poursuivez votre démarche réseau et tenez compte des particularités de votre cible. Suivant les secteurs, la pratique du networking est différente, surtout en phase de recherche active.

Tout d'abord, **pourquoi ne pas continuer à investiguer autour de votre projet ?** Peut-être êtes-vous curieux d'en apprendre davantage sur le secteur voisin, la filière de vos entreprises cibles et de leurs sous-traitants ou les dernières tendances digitales appliquées à votre nouveau secteur... Tout ce qui vous permet d'affiner l'expertise de votre nouvelle activité est bénéfique. Pensez simplement à adapter votre pitch : soyez transparent sur votre situation.

Rencontrez également les **collègues potentiels qui pourraient vous renseigner sur la culture et l'organisation des entreprises que vous ciblez**. Ne commencez pas par des membres du service que vous visez, mais par des salariés moins proches de votre cible ultime, puis progressez par étapes. Dans ce cas, vos entretiens porteront sur leur expérience au sein de l'entreprise.

Vos contacts et démarches vous permettront peut-être aussi de **rencontrer des recruteurs potentiels**. Ils n'auront pas forcément de poste à vous proposer ; quelque part entre un entretien d'information et un entretien de recrutement, vous manquerez peut-être d'informations avant votre rendez-vous pour savoir où situer le curseur ! De l'entretien d'information, conservez l'attitude générale de curiosité vis-à-vis de votre interlocuteur, en l'interrogeant cette fois-ci sur l'activité de l'entreprise et du service. Considérez-le aussi comme un nouveau membre de votre réseau avec lequel vous faites connaissance sans savoir à quel moment vous aurez l'occasion de travailler ensemble, ni à quel titre : vous préparez votre futur, immédiat ou plus lointain. Ceci devrait vous aider à faire baisser la pression, si nécessaire, et à vous concentrer sur la découverte de la personne que vous rencontrez. **Abordez-le cependant avec un pitch exposant clairement votre démarche de recherche et vos motivations pour l'entreprise, et demandez-lui un feedback sur votre projet.**

Enfin, toutes ces démarches de réseau ne vous privent nullement d'envoyer des **candidatures spontanées** dans vos entreprises cibles, ni de répondre à leurs **annonces**, bien au contraire ! Dans ce cas, informez-en les contacts que vous rencontrez et tenez-les au courant de votre progression dans le processus de recrutement. Ne demandez pas de faveur, ni de « glisser un mot », ce qui pourrait donner à vos interlocuteurs l'impression désagréable d'être utilisés. Prenez plutôt ces contacts comme de précieuses sources d'information sur l'entreprise où vous postulez, obtenues grâce à votre patient travail de réseautage.

Focus

C'est l'été…

Que faire de sa recherche active ou de son bilan en cours ? Les laisser en plan et se donner rendez-vous en septembre, fringant et bronzé ? Pas forcément. L'été, c'est le bon moment pour…

- Réseauter

Votre agenda de juillet et août sera peut-être rempli cette année de rencontres fructueuses, qu'il s'agisse de commencer à nourrir votre projet professionnel en sollicitant votre réseau d'information ou de mener une campagne intense de rendez-vous pour trouver votre poste cible. Certes, tout le monde n'est pas en ville au même moment que vous, mais la plupart de vos interlocuteurs seront plus détendus et disponibles, voire enclins à renouveler leur réflexion et leurs contacts. **Un conseil :** ne remettez pas tous vos rendez-vous à la rentrée, période de redémarrage national en France, concentrée pour beaucoup sur le « cœur de business » (comprendre : peu de temps pour networker, hélas).

N'hésitez pas à : relancer les contacts très occupés qui n'ont pas eu le temps de vous recevoir jusque-là, proposer un déjeuner à ceux que vous rencontrez habituellement en coup de vent, vous souvenir de ceux avec qui vous étiez convenus « de vous revoir avant l'été » ou « quand ce sera plus calme », aborder de nouveaux contacts dans des secteurs que vous commencez à défricher…

Décrochez votre téléphone : les courageux travailleurs du 28 juillet ou du 10 août seront peut-être contents d'échanger avec vous et de vous recevoir le jour même ou le suivant. Attention : si l'humeur est détendue et plus propice aux rendez-vous en terrasse, restez professionnel. D'autant plus que, suivant les secteurs et les cas particuliers, tout le monde ne vit pas un été décontracté…

- **Ouvrir son horizon**

Utilisez votre éventuel temps plus libre qu'à l'accoutumée pour vous renouveler.

Outre le networking, source naturelle de nouvelles idées, n'hésitez pas à : mettre à jour votre veille professionnelle, lire un peu plus, commencer à investiguer ce secteur ou ce métier qui vous intrigue depuis longtemps. Et pourquoi ne pas tester une nouvelle approche dans votre démarche de changement professionnel ? Je vous recommande par exemple *Business Model You*, méthode et livre originaux de Tim Clark et Alexander Osterwalder[1], vous invitant à repenser votre situation professionnelle comme le modèle économique d'une entreprise. Cette méthode est particulièrement adaptée si vous envisagez de vous mettre à votre compte ou que la notion de « modèle économique » fait partie de votre quotidien professionnel.

1. Pearson, 2012.

- **Ouvrir l'œil**

Des recrutements l'été, des changements de job quand on ne s'y attend pas, il y en a. Alors si vous êtes actuellement en phase de recherche active, ne baissez pas la garde !

- **Faire le point sur votre avancée**

Avant de prendre un repos bien mérité, jetez un œil rapide sur ce que vous avez réalisé ces dernières semaines ou mois passés.

N'hésitez pas à : revoir votre planning de départ et votre plan d'action si vous êtes en phase de recherche. Vous pouvez également refaire l'exercice autour de votre objectif professionnel (*cf.* p. 15).

Attention : la fatigue de fin de semestre peut saper votre objectivité et votre esprit positif. Limitez dans le temps votre travail de bilan du travail effectué. Si vous en avez l'opportunité et l'envie, réalisez-le en regards croisés avec un work buddy également désireux de faire le point.

- **Recharger vos batteries**

Une fois votre agenda organisé pour la rentrée, il est temps de prendre des forces et des vacances bien méritées. Sachez vous couper de votre objectif du moment, même si vous êtes pressé d'avancer. Emportez donc quelques cartes de visite au cas où (les rencontres intéressantes à la plage sont toujours possibles) et oubliez-les dans le fond de votre valise. Remisez vos préoccupations carrière au fin fond de votre cerveau, où elles mûriront tranquillement pendant que vous admirerez la ligne bleue des Vosges ou des vagues.

Hors poste, accordez-vous aussi un vrai break et un peu de dépaysement : vous reviendrez plein d'énergie et avec un regard renouvelé pour attaquer la rentrée.

7. Préparer les bons outils de communication

Objectif de cette phase : CV, pitch, lettre de motivation, profils sur les réseaux sociaux professionnels, argumentaire en entretien…, affûtez votre panoplie de parfait communicant pour atteindre votre cible !

Au programme : utiliser votre portefeuille de compétences et votre projet pour nourrir vos différents éléments de communication. Après nous être mis brièvement dans la peau d'un recruteur, nous nous attaquerons à votre pitch, exercice qui vous permettra d'affiner vos atouts et vos mots clés, lesquels alimenteront ensuite également votre CV et votre lettre de motivation, votre profil LinkedIn sous une forme différente et votre préparation aux entretiens de recrutement. Vous restez bien sûr libre de piocher dans ce programme au fur et à mesure de vos besoins !

Le temps : une dizaine d'heures minimum, étalées sur une à deux semaines pour être à jour sur vos outils.

Votre progression :

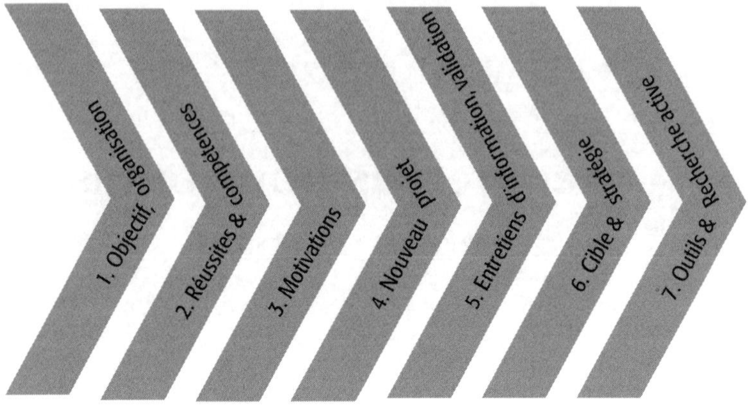

1. Comment aborder la phase de recrutement

Au-delà des spécificités du poste et des points forts de votre profil, avez-vous déjà réfléchi aux mécanismes de décision du recruteur ? Mettez-vous brièvement à sa place avant de construire vos outils de communication.

A. Comment se décide un recrutement ?

Voici les cinq principaux facteurs de décision d'un recruteur, d'après Dominique Clavier et Annie di Domizio[1] :

1. **Vous faites rêver votre future direction (et vos futurs coéquipiers).** Vous rêvez d'intégrer le poste et l'entreprise en question ? Le recruteur a bien le droit, lui, de rêver de rencontrer « **le** candidat idéal qui fournira la solution aux différents problèmes auxquels il est confronté actuellement ».

1. *Accompagner sur le chemin du travail*, éditions Septembre, 2007.

2. **Vous serez rentable rapidement.**

   Vos compétences et votre expérience sont des garanties : vous serez vite à l'aise et 100 % opérationnel dans votre future fonction. « Vite » peut signifier le jour de votre prise de poste, au bout de deux semaines ou après trois mois suivant les cas : tout dépend de la période d'adaptation précise attendue par votre direction en fonction des particularités du poste.

3. **Votre futur employeur est convaincu de vos capacités d'adaptation et d'intégration.**

   Le recruteur imagine que vous vous coulerez bien dans la culture de l'entreprise et dans votre nouvelle équipe et que vous serez capable d'évoluer à moyen terme dans la structure. En effet, il ne prendra pas le risque de déstabiliser le groupe existant avec un nouvel élément certes brillant, mais potentiellement perturbateur ou qui ne s'intégrerait pas dans la structure.

4. **Vous valorisez l'image de l'entreprise et du service.**

   Vos compétences et états de service feront briller un peu plus l'étoile de l'entreprise, du service… Il s'agit bien ici de valorisation narcissique !

5. **Vous êtes cohérent et légitime face aux difficultés de la fonction.**

   Chaque poste présente ses particularités et difficultés, et votre profil répond point par point à ces aspects. Vous êtes un candidat rassurant.

B. Quels enseignements en tirer pour votre phase de recherche ?

■ Soigner votre argumentaire

Votre objectif : rassurer le recruteur sur votre cohérence avec le poste et l'entreprise (*cf.* les points 2, 3 et 5 de la liste ci-avant). Soyez au clair sur vos points forts et faites-les ressortir à l'écrit comme à l'oral.

Relisez l'encadré « Pour convaincre, parlez concret », p. 47. Adaptez à votre cible le choix des réussites mises en avant, les verbes utilisés, les faits et le contexte employés. Par exemple, si vous cherchez un poste dans l'univers de la finance, communiquez sur des chiffres d'affaires et de résultats.

Comment démontrer que vous vous fondrez bien dans la culture de l'entreprise, dans votre nouvelle équipe ? Vous serez renseigné par votre travail de réseautage en amont du recrutement sur les spécificités et manies de votre (futur) secteur/entreprise.

Vous pouvez compléter ce travail de **networking** durant le déroulé du recrutement : il n'est pas trop tard pour trouver dans votre réseau étendu un salarié de l'entreprise en question (ne faisant pas partie des RH ou de votre future équipe !) qui vous racontera l'ambiance et la culture locale. C'est aussi l'occasion de poser des questions importantes à vos yeux, mais délicates à manier en entretien de recrutement (par exemple, le nombre de RTT dans l'entreprise que vous visez).

Muni de ces précieuses informations, vous veillerez à démontrer au cours de l'entretien les compétences et qualités relationnelles qui conviennent : faites-le finement, en vous appuyant sur le récit d'expériences passées au cours desquelles vous les avez mobilisées.

■ Comment intégrer la part de rêve ?

Vous cherchez le fameux « job de vos rêves » ? Une entreprise qui vous fait vibrer ? Il est bien naturel que, côté recruteur également, il y ait un peu de fantasme…

Pour sortir du lot, il est bon de prendre conscience de ce besoin de séduction mutuelle et de **se préparer aux entretiens** : au-delà de vos aptitudes naturelles pour la rencontre avec un recruteur, vous deviendrez meilleur en vous testant pour le jour J. Entraînez-vous pour vous montrer factuel, direct et sincère dans vos réponses.

Derrière ces facteurs de décision, il y a l'envie d'être valorisé comme entreprise, comme équipe. Inutile de vous montrer mielleux dans votre lettre de motivation ou lors de vos entretiens : **renseignez-vous sur l'entreprise** (*via* son site, son actualité et le travail de réseau d'information cité ci-avant) et **réfléchissez à vos facteurs de motivation pour ce poste spécifique, à dérouler en entretien**.

Et pour que votre histoire d'amour dure longtemps, utilisez le processus de recrutement et votre travail de réseau pour **répondre à vos propres questions sur l'entreprise et le poste et vérifier leur cohérence avec vos attentes et vos besoins** dans le temps.

■ … Et la part de subjectivité ?

Cette liste de facteurs de décision illustre aussi la part de subjectivité et d'inexplicable dans l'exercice du recrutement. Parfois, le recruteur aura un bon ou mauvais « feeling » sur l'adéquation d'un candidat à la culture de l'entreprise ou sa capacité à faire face aux difficultés du poste ; il aura peut-être du mal à l'expliquer car il peut venir d'une foule de petits détails « qui ne collent pas ».

Conclusion : **ne vous découragez pas** si vous n'êtes pas retenu à l'issue d'un long processus de sélection. **Si l'harmonie n'était pas complète cette fois-ci, elle le sera une autre fois.** Continuez votre exploration du marché, notamment par le réseau, pour susciter la bonne rencontre…

Une dernière recommandation : le recruteur est souvent pressé et votre profil doit parfois émerger d'une grosse pile de candidatures. **Faites court et efficace.** À l'écrit, votre CV et votre lettre seront aérés et organisés ; sur votre profil LinkedIn, votre titre et votre « résumé » seront accrocheurs et mettront immédiatement en avant vos points forts. À l'oral, prenez l'habitude de vous entraîner, minuter et enregistrer pour communiquer votre pensée de manière concise. Ainsi, non seulement vous augmenterez vos chances que les informations importantes soient lues et entendues, mais vous donnerez une impression immédiate de synthèse et d'efficacité.

2. Votre pitch

Le pitch, c'est votre réponse à des demandes telles que « Présentez-vous » ou « Parlez-moi de vous. ».

Il vous sera utile en démarrage d'entretien de recrutement puisque c'est une entrée en matière classique des recruteurs. Vous l'utiliserez également pour vous présenter lors de vos rendez-vous réseau. Cette demande toute simple en apparence n'est pas toujours facile à satisfaire puisqu'il faut savoir « se résumer » en quelques secondes devant un inconnu que vous souhaitez rallier à votre cause.

Votre objectif : vous présenter en donnant à voir vos principaux points forts et créer un premier lien avec votre interlocuteur.

Voyons quelques conseils.

A. Le préparer

Travaillez sur **deux formats** à utiliser suivant les circonstances :

- 30 à 45 secondes pour se présenter à un inconnu dans une soirée professionnelle, sur un salon ou dans un environnement collectif ;
- 2 minutes pour les entretiens de réseau et de recrutement.

Commencez par le **rédiger** dans l'objectif d'une utilisation précise à venir (prochain événement auquel vous allez assister, entretien réseau ou entretien de recrutement).

Pensez à vous présenter simplement grâce à quelques détails factuels (métier, expérience) s'ils sont pertinents et à expliciter votre projet : **démarrez par le présent et évoquez le futur, ce vers quoi vous allez. Quelques rapides flash-back** expliquent votre projet et votre motivation ou légitiment votre profil.

Partez de vos points forts : quels sont les atouts que vous pouvez mettre en avant à l'appui de votre projet (lors d'entretiens de networking) ou du poste à pourvoir (entretien de recrutement) ? En entretien de recrutement,

vous veillerez à présenter de manière claire votre valeur ajoutée et la contribution que vous pouvez apporter à l'entreprise.

Améliorer votre rédaction par étapes vous permettra de privilégier des **formulations claires et positives** : bannissez les « je suis à la recherche d'un poste de… », pour préférer des tournures plus valorisantes comme : « Je suis intéressé/passionné par… », « Mon prochain challenge, c'est de… », « Ce que je souhaite aujourd'hui, c'est… »

Utilisez des mots concrets, plus susceptibles de capter l'attention de votre vis-à-vis : chiffres et durées, dates charnières, noms d'entreprises connues, lieux géographiques, mots du quotidien…, seront autant de repères pour la personne qui vous écoute. Résistez à la tentation d'utiliser, par exemple, une liste de compétences sorties de leur contexte qui risquerait fort de faire décrocher votre auditeur.

Si vous vous prenez au jeu, sachez que les stars du pitch utilisent volontiers **de petites histoires** pour se présenter car elles sont porteuses d'émotion, donc de lien. Une réussite marquante et adaptée, rapidement résumée (*cf.* votre portefeuille de réussites), peut vous servir à capter l'attention. Il peut aussi s'agir de votre actualité récente ou d'un moment positif que vous souhaitez mettre en avant.

Un brin d'humour et/ou d'originalité dans le choix des termes est un plus, si cela est dans vos cordes.

Veillez à terminer votre pitch sur le lien avec votre interlocuteur, ce qui vous amène devant lui ou sur une question pour engager la conversation. En entretien de recrutement, ce peut-être : « Souhaitez-vous en savoir plus sur… [tel aspect de votre pitch ou de votre profil] ? »

Si l'exercice vous rend nerveux, écrire votre pitch noir sur blanc vous permet aussi de **placer les emphases sur les mots importants et surtout les moments de pause et de respiration** qui rendront votre discours fluide.

B. S'entraîner

Enregistrez et minutez-vous, puis écoutez votre pitch ; testez-vous devant un ami, puis devant une cible professionnelle inconnue sans enjeu pour vous, par exemple à l'occasion d'un événement. C'est en forgeant que l'on devient forgeron, et c'est en pratiquant son pitch que l'on devient à l'aise pour se présenter.

C. L'adapter et le pratiquer

Une fois que vous avez effectué des premiers essais, **adaptez votre production à des situations différentes** : vous ne vous présenterez pas de la même manière à un parfait inconnu dans un cocktail à la suite d'une conférence (être très bref, faire un lien avec le sujet de l'intervention à laquelle vous venez d'assister) et à un recruteur qui a déjà épluché votre CV (mettre en avant vos atouts et votre motivation pour le poste et l'entreprise). Appuyez-vous sur les mots clés et les formulations les plus porteuses que vous pouvez réutiliser telles quelles ou optimiser suivant le contexte et la personne que vous avez devant vous.

Avec le temps, **préparer et pratiquer votre pitch vous permet d'être plus disponible et concentré sur votre interlocuteur** : rebondir en fin de pitch sur sa situation, son avis et son objectif, lui poser des questions, s'intéresser sincèrement à lui pour favoriser les liens du réseau ou la séduction…

3. Votre CV

Construisez votre CV en cinq étapes clés.

A. Organiser votre CV

Commencez par l'armature générale de votre CV avec les grandes rubriques et principales informations factuelles :

- Choisissez un **design général classique** qui offrira un repérage facile entre les différentes zones du CV : nom + coordonnées, titre, introduction, expérience professionnelle, formation, informations complémentaires (telles que langues, expertises informatiques, loisirs). Des modèles vous sont proposés dans les logiciels de traitement de texte (Word, Pages).

- Attention aux éléments graphiques saillants qui distraient le lecteur du contenu… Bannissez logos d'entreprise et autres à-plats colorés. Privilégiez la lisibilité et la facilité à entrer dans le détail du contenu : le « design » doit être à leur service.
- **La photo n'est pas une obligation** : elle peut distraire ou influencer le recruteur. Aujourd'hui, des photos de vous sont sans doute disponibles sur le Net, l'ajouter sur votre CV a donc moins d'intérêt qu'il y a quelques années. En revanche, elle peut être utile sur un CV que vous laisseriez sur un salon ou lors d'une visite en personne pour que le recruteur avec qui vous avez parlé se souvienne de vous et de la conversation que vous avez eue.
- Indiquez votre nom en en-tête de deuxième page au cas où vous dépasseriez une page. N.B. : en France, le CV d'une page est particulièrement apprécié. Les CV de deux pages (ou une page et demie) sont à réserver aux candidats de plus de 35 ans.

Pour les expériences professionnelles :

- Faites ressortir **les dates de début et de fin** dans une colonne située à droite ou à gauche : utilisez des tabulations pour les isoler du reste du contenu et indiquez les durées entre parenthèses.
- Indiquez **les noms d'entreprises et de postes** avec des partis pris cohérents. Par exemple : les noms des entreprises seront en capitales s'ils servent votre objectif actuel, mais seront simplement en gras si vous souhaitez changer de secteur et attirer l'œil en priorité sur vos fonctions.
- Respectez **l'ordre antéchronologique** : l'expérience la plus récente doit figurer en premier.
- Pour les noms de diplôme, les langues et les compétences informatiques, **recherchez** également **l'unité et la lisibilité**.

Bon à savoir

Qu'est-ce qu'un bon CV ?

Mettons-nous quelques instants à la place d'un recruteur, voici ce qu'il pourrait nous dire : « Moi qui parcours parfois 70 CV d'affilée, voilà ce que j'apprécie lorsque je découvre le profil d'un candidat, dès les premières secondes :

- Le CV est aéré et pas trop long. S'il y a 2 pages, je commence par jeter un coup d'œil sur la deuxième pour évaluer la longueur de la lecture.
- La structure permet d'emblée de savoir à quel endroit se trouvent expériences professionnelles, formations, dates de chaque expérience.
- Le parcours du candidat doit sauter aux yeux (nombre d'entreprises et d'expériences, responsabilités croissantes).

Voilà un candidat qui m'a l'air organisé et synthétique. Tout cela me donne envie d'en savoir plus en lisant la suite, voire de le convoquer tout de suite pour un entretien au vu de son profil ! Voyons voir si cette première impression visuelle se confirme à la lecture :

- Son intention et son profil apparaissent clairement : le titre et le résumé m'offrent une vue d'ensemble de ses objectifs et de ses points forts. Ils sont cohérents.
- Structure claire, paragraphes courts, expériences retranscrites de manière vivante et précise : un CV doit se lire rapidement et sans effort.
- Sur le fond, je perçois nettement la valeur ajoutée du candidat et ce qu'il pourra nous apporter concrètement. Ses principales réalisations professionnelles, convaincantes, ainsi que les compétences qui en découlent m'indiquent que son profil répond à ma recherche. En même temps, tout cela me donne envie d'en savoir plus, de poser des questions, bref de le voir en entretien… »

- Ne perdez pas de temps, à ce stade, avec le détail du design (l'interlignage, par exemple) que vous serez amené à peaufiner plus tard en fonction de la longueur totale.
- **Évitez toute répétition, soyez précis, facilitez la lecture** : trois expériences successives au sein d'un même groupe doivent vous amener à les rassembler sous une seule mention du nom de l'entreprise, quitte à indiquer si besoin des filiales et/ou localisations distinctes.
- Congé parental, voyage ou séjour prolongé à l'étranger, activités bénévoles, formations : **il n'y a pas de « trou », seulement différents moments de vie à expliquer à l'endroit adéquat du CV !** Prenez le temps de réfléchir à la meilleure manière de traiter un éventuel point délicat. Par exemple, en cas de période de chômage, réfléchissez à tout ce que vous avez fait durant cette période. Un engagement bénévole, une formation et/ou un projet personnel, autant d'éléments que vous devez alors valoriser aux endroits correspondants en citant l'année concernée entre parenthèses.

B. Valoriser votre expérience professionnelle

Votre expérience professionnelle est la principale matière première de votre CV :

- Décrivez brièvement, en dessous du titre de chaque poste, son **périmètre** (responsabilités essentielles, équipe, budget…).
- En vous appuyant sur votre portefeuille de réussites, **rédigez et faites ressortir des réussites d'une à trois lignes maximum** pour chacun des postes que vous avez occupés : sauf cas particuliers, trois à cinq expériences pour votre dernière expérience, puis moins au fur et à mesure que vous remontez dans le temps. Démontrez votre capacité à choisir et à synthétiser !
- Création, mise en place, construction, négociation, développement, animation : **chaque réalisation doit commencer par une action différente** qui illustre la palette de vos compétences clés.

- Comme lors de la rédaction de votre portefeuille de réussites, **appuyez-vous sur du concret, des faits et des résultats**, pour rendre la lecture vivante et convaincante. Idéalement, ces réalisations sont chargées en mots clés pertinents, tout en restant lisibles pour un non-spécialiste. Par exemple, pour un poste de directrice de communication en maroquinerie, on écrira « Coordination de deux conférences de presse par an auprès de 30 journalistes sélectionnés : book de la collection, intervention du DG, entretiens avec trois à cinq médias clés (*Elle*, *Vogue*, *Grazia*). » Les résultats concernent également les **reconnaissances internes** (« stratégie présentée au conseil d'administration »), des **durées de réalisation** (« ...en seulement 3 mois »), des **conditions adverses** (« mise en place des instances représentatives du personnel dans un contexte de deux grèves : normalisation des relations sociales. »)...
- **Restez honnête !** Ne diffusez pas d'informations sensibles qui pourraient donner de vous l'image d'un candidat déloyal. Il est toujours possible de citer des fourchettes, des pourcentages d'augmentation plutôt que des valeurs absolues, ou encore de parler d'un « partenaire historique » sans en donner le nom.
- Donnez à voir **les gens avec qui vous travaillez** pour illustrer le niveau de vos interlocuteurs, vos occasions de manager en transversal... Par exemple, on pourra écrire pour un DAF « Coordination pendant 5 mois d'une équipe mixte avocats internes et auditeurs externes pour l'élaboration du modèle financier et la rédaction de la *Due Diligence* d'un projet d'acquisition ».
- Les réalisations transversales ou complémentaires de vos attributions principales peuvent aussi alimenter votre rédaction : animation de formations internes, organisation d'échanges de pratiques, missions exceptionnelles (remplacement, intérim, situation de crise) de quelques semaines...

Faire concis, agréable à lire et court demande du temps ! Il vous faudra sans doute plusieurs relectures pour optimiser votre rédaction.

Gardez à l'esprit que ces réalisations rédigées serviront de base à l'entretien : vous ne pouvez pas tout écrire dans le CV, l'essentiel est d'étayer vos compétences dans un premier temps, de donner au recruteur l'envie d'en savoir plus et d'être à l'aise pour développer les points mis en avant en entretien.

C. Synthétiser les autres informations (formation, langues...)

Soyez efficace et concis. Pour chaque rubrique, privilégiez les informations valorisantes et/ou qui ont du sens par rapport à votre cible :

- **Formation** : indiquez la ou les formations les plus titrées en respectant la chronologie (l'année du diplôme suffit), avec l'intitulé précis du diplôme, l'école ou l'université, les mentions et mémoires éventuels.
- **Formation continue** (stages, formations internes) : citez celles qui sont marquantes et pertinentes, avec leurs durée et année de réalisation.
- **Langues** : précisez le niveau et un complément d'informations si besoin.

  Exemples : « Anglais : très bon niveau écrit, entraînement oral en cours (Wall Street English, 120 heures) » ou « Anglais courant. Séjour de 9 mois aux États-Unis. TOEIC septembre 2012 : 950/990 ».
- **Informatique** : au-delà du pack Office (à ne pas détailler sauf exception : « maîtrise avancée d'Excel » pour un profil financier, par exemple), indiquez les logiciels, plates-formes, pratiques Web (y compris personnelles) maîtrisées, toujours en lien avec votre profil et votre objectif.
- **Loisirs** : ils doivent être précis, récents ou pratiqués régulièrement et peuvent faire l'objet d'une discussion en entretien, appuyé si possible de réalisations. Sélectionnez en quelques-uns et illustrez-les de faits entre parenthèses, plutôt que de les énumérer les uns après les autres.

Exemples: « Escrime (arbitre, entraîneur, ancien champion départemental junior).

Voyages (Asie: 3 séjours en Chine dont un de 3 mois) ».

Si vous n'avez rien de précis à indiquer ou que vous n'aimez pas parler de vos loisirs dans un cadre professionnel, mieux vaut supprimer cette rubrique.

- **Activités**: elles permettent de mentionner d'éventuels engagements associatifs en lien ou non avec votre expérience professionnelle, des interventions à caractère professionnel (par exemple, cours, conférences...).

D. Apporter la touche finale... mais essentielle!

En tête de CV, **un titre** peut être formulé suivant votre situation. Le plus souvent le dernier poste occupé, il peut s'agir aussi d'un objectif assumé comme tel (« Objectif: chef de projet e-commerce »).

Un sous-titre éventuel permet de mettre en lumière des secteurs de prédilection ou un point fort incontournable.

En dessous du titre, vous pouvez synthétiser dans **une introduction** de 3 à 4 lignes les points forts que vous égrenez au fil du CV, ceux qui constituent le cœur de votre pitch, par exemple: diplôme essentiel, années d'expériences, compétence(s) clé(s), aptitude de management, langues... C'est le télégramme que vous envoyez au recruteur pressé pour lui souffler d'emblée que vous êtes un candidat intéressant et lui donner envie de lire votre CV. Elle est à travailler soigneusement.

C'est l'occasion de vous valoriser. Pourquoi pas: « Aptitude démontrée à optimiser les plannings et les coûts » ou « Excellent sens commercial traduit en résultats » ? À condition qu'une ou plusieurs réussites étayent vos formulations d'introduction dans le corps du CV.

E. Effectuer les dernières relectures

Voici maintenant les points à vérifier lors de la finalisation de votre CV. Pour plus d'efficacité, vous pouvez consacrer de rapides relectures successives à chacun :

- **La pertinence** : mots mieux choisis, actions plus précises ou valorisantes, répétitions supprimées.
- **La concision** : à travailler, notamment si vous souhaitez gagner quelques lignes pour faire tenir votre CV sur 1 page. Les grandeurs peuvent apparaître en chiffres et de manière abrégée (« CA de 2 M€ ») tant que l'ensemble reste facile à lire et cohérent.
- **Les répétitions** : à bannir. Remplacer un terme qui revient plusieurs fois (« mise en place », « création ») est l'occasion d'élargir la vision que vous donnez de vous avec des noms de compétences différentes.
- **Le titre, le sous-titre et/ou l'introduction** : c'est la clé d'entrée du recruteur dans votre CV. Cette zone se lit-elle facilement ? Utilisez-vous des termes et points forts concrets ? Répond-elle à l'annonce, à votre objectif de recherche ?
- **La première impression visuelle** : elle est capitale. Évitez les lignes d'un mot ou deux, et les césures malheureuses, unifiez l'interlignage pour que l'ensemble soit aéré et lisible.
- **L'orthographe** : en partant de la dernière phrase du CV puis en remontant vers le haut, vous vous détacherez du sens et repérerez peut-être mieux les coquilles.

Ça y est, votre CV est fin prêt ! Une relecture extérieure est toujours indiquée, notamment pour l'orthographe… Si vous sollicitez un avis autour de vous, soyez précis dans votre demande : le premier coup d'œil donne-t-il envie de lire la suite ? Quels sont les points à améliorer concrètement ? Une formulation trop générale risque de déclencher des avis un peu péremptoires ou trop personnels.

4. Votre lettre de motivation

La lettre de motivation est moins considérée qu'hier, peut-être à tort. Si de nombreuses candidatures s'effectuent aujourd'hui en ligne, une lettre de motivation est appréciée et souvent demandée. Le mail d'accompagnement est un minimum pour accompagner une candidature par e-mail. Elle est connue pour être survolée, et on soupçonne parfois les recruteurs de la réclamer surtout pour vérifier votre implication et votre niveau d'expression écrite.

À vrai dire, le terme de « motivation » est trompeur : **il s'agit avant tout de convaincre le recruteur de l'intérêt de vous rencontrer en lui expliquant point par point pourquoi vous êtes un bon candidat pour répondre à ses besoins**.

En pratique, voici comment procéder.

A. Identifier les points forts à mettre en avant

Réfléchissez en premier lieu aux trois à cinq points forts que vous pouvez mettre en avant au regard de l'annonce à laquelle vous répondez ou du besoin supposé de l'entreprise à laquelle vous écrivez dans le cadre d'une candidature spontanée. Dans les deux cas, vous aurez pris soin d'analyser l'attente potentielle de votre destinataire.

Formulez-les de manière concrète et positive : une solide expérience du développement commercial, une forte capacité d'adaptation, une conduite de centres de profit efficace, dix ans d'expérience dans la direction de points de vente, une expertise technique complète, une pratique internationale, une compréhension fine d'une clientèle exigeante, un management d'équipe éprouvé, une bonne connaissance des outils digitaux, la maîtrise de deux langues étrangères (anglais, allemand), le souci des délais et le sens du résultat… Ces points forts seront le cœur de votre argumentation.

Pour être convaincant, vous appuierez chacun d'eux d'une illustration (issue de votre portefeuille de réussites et de votre CV), que vous développerez sous forme d'un rapide exemple.

Exemple : « **Une solide expertise commerciale** : au cours des trois dernières années, j'ai déployé une hausse tarifaire dans un contexte de challenges (dysfonctionnements de la production entraînant des réclamations en nombre, fusion de mon équipe avec une autre entité). J'ai préservé la loyauté de nos clients et développé le chiffre d'affaires de mon département (+ 4 % sur 2015). »

Bon à savoir

Une fois que vous aurez rédigé quelques lettres pour des contextes précis, vous pouvez vous constituer une lettre type sous forme :

- D'idées d'introduction.
- D'un mini-catalogue de vos atouts, formulés de différentes manières (suivant les cas, vous mettrez plutôt en avant un « profil international » ou bien « la pratique professionnelle de deux langues étrangères ») et appuyés de réussites développées en exemples.
- De formules de conclusion types.

Envoyer une lettre de motivation va devenir beaucoup plus rapide pour vous... Attention, cependant, à effectuer une relecture attentive avant chaque envoi.

B. Structurer et rédiger votre lettre

Voici une suggestion d'organisation :

- **Commencez par votre interlocuteur et son besoin réel (annonce) ou supposé (candidature spontanée)** : « Votre annonce pour le poste de... », « Peut-être recherchez-vous actuellement... », « Avez-vous besoin... ». Puis indiquez, immédiatement à la suite, que votre profil peut intéresser votre destinataire. Vous pouvez également commencer par l'actualité : « Votre récente acquisition de la société XX a retenu mon attention. Peut-être cherchez-vous en conséquence à renforcer votre équipe... ».

- **Mettez en avant les points forts de votre candidature, illustrés à chaque fois d'une réussite.** N'hésitez pas à les présenter de manière structurée, avec des tirets ou des puces. Tout ce qui facilite la lecture du recruteur est un plus.
- **Ajoutez un paragraphe sur votre motivation, plus ou moins étoffé et concret suivant les éléments dont vous disposez…, donc votre motivation réelle !** Si l'entreprise à laquelle vous écrivez fait partie de votre liste d'employeurs idéaux, vous aurez pris suffisamment d'informations en suivant son actualité et en réseautant dans et autour de son orbite pour avoir des éléments précis à faire valoir. Mais souvenez-vous que l'enjeu ici est surtout de convaincre le recruteur que vous êtes un candidat intéressant, à rencontrer en entretien…
- **Terminez par une rapide formule de politesse ouvrant la voie à un entretien.**
- Soyez bref : quelques paragraphes courts (deux à cinq lignes) devraient suffire à exposer votre argumentation.

Bon à savoir

Bannissez le déroulé intégral de votre parcours : c'est long, ces informations sont présentées de manière plus efficace dans votre CV.

5. Quelle stratégie sur les réseaux sociaux ?

Pourquoi faut-il y être ?

L'usage des réseaux sociaux se développe à grande vitesse. Les recruteurs sont de plus en plus nombreux à y rechercher des candidats, notamment sur les réseaux professionnels (LinkedIn, Viadeo). À profils équivalents, les (nombreuses) entreprises en phase de « digitalisation » privilégient les candidats agiles numériquement, donc présents sur ces nouveaux réseaux.

Dans différents métiers, la pratique professionnelle de certains réseaux est un prérequis, au-delà du recrutement. On s'attend à ce qu'un responsable communication soit actif sur plusieurs réseaux sociaux ; de même, un directeur commercial dont le carnet d'adresses LinkedIn ne compte que cinq contacts risque de ne pas être crédible… Twitter dans les médias et Instagram dans la mode sont des moyens quasi incontournables d'assurer sa promotion et de rencontrer de nouveaux contacts.

Pour y faire quoi ?

Les réseaux sociaux peuvent être utiles à plus d'un titre :

- **Soigner votre réputation.** Le digital est devenu le reflet de ce que vous êtes dans la vraie vie : quelle image souhaitez-vous y renvoyer ?
- **Animer votre réseau, entretenir les liens du réel, en particulier les « liens faibles »**, c'est-à-dire les contacts que l'on connaît à peine (issus, par exemple, d'une discussion de quelques minutes et d'un échange de cartes de visite lors d'une conférence) et **dont proviennent pourtant la plupart des opportunités professionnelles**.
- **Rechercher des informations** pour nourrir la connaissance de votre cible, reconstituer les données disponibles sur un organigramme, préparer vos entretiens… C'est également vrai sur Facebook où les pages Entreprises sont fournies en informations à destination des candidats issus des jeunes générations.
- **Pour les profils spécialisés ou dirigeants : vous faire chasser**, et pas seulement par des cabinets : de nombreux recruteurs en entreprise effectuent eux-mêmes des recherches, voire animent une banque de talents avec suivi des profils en temps réel, grâce à des outils spécialisés connectés avec les réseaux sociaux.

A. Quelle stratégie ?

Cependant, les usages des réseaux sont propres à chaque secteur (et à chaque entreprise en matière de recrutement), d'autant plus dans la période de mutation que nous vivons. Votre premier objectif sera donc de vous mettre aux standards du seul marché qui compte : celui de votre cible. Pour choisir votre stratégie vis-à-vis des réseaux sociaux, appuyez-vous en priorité sur les informations récoltées lors de vos recherches sur Internet et par le biais de vos entretiens d'information.

En complément, **réalisez un benchmark « réseaux sociaux » de vos contacts professionnels actuels et potentiels**. Googlisez au moins une dizaine de pairs, cibles potentielles (futur chef), contacts référents de votre secteur. Sur quels réseaux sont-ils présents ? Y sont-ils actifs et comment ? Avec quelle régularité et quels types de messages ?

Le benchmark est une pratique clé du digital : il peut vous aider à formuler votre stratégie (LinkedIn, Viadeo ou les deux ?) et à améliorer votre profil en vous inspirant des meilleures pratiques de votre secteur. Je vous suggère d'y revenir à chaque fois que vous hésitez sur la marche à suivre : il est si facile avec Internet d'aller s'inspirer et réfléchir à partir de ce que font les autres…

Au passage, pensez également à **vous googliser de temps en temps** pour vérifier les informations et pages de réseaux sociaux qui remontent.

Les réseaux sociaux seront donc plus ou moins centraux dans votre stratégie en fonction du contexte précis de votre cible. Nous nous concentrerons maintenant sur une pratique moyenne des réseaux sociaux professionnels, en supposant que vous y êtes déjà inscrit et à peu près familier des différentes zones du profil que nous allons optimiser point par point. Les détails des emplacements indiqués concernent LinkedIn, mais des aménagements similaires sont la plupart du temps accessibles sur Viadeo. En outre, nombre de principes vous serviront quel que soit le réseau social que vous utilisez.

B. LinkedIn

Voici neuf bonnes pratiques à vous recommander.

■ Identifier les bons mots clés pour votre recherche à partir de votre objectif de poste et de vos points forts

Avant de vous attaquer à l'optimisation de votre profil, prenez le temps de réfléchir aux principaux mots clés qui correspondent :

- **Au poste que vous visez**. Mettez-vous dans la peau d'un recruteur qui cherche à pourvoir votre poste cible ! Il sollicite un chargé de recherche pour sélectionner un panel de profils pertinents, généralement *via* LinkedIn et/ou Viadeo : quels mots clés seraient alors tapés dans un moteur de recherche ? Différentes variantes sont sans doute possibles : DAF, directeur financier, CFO..., prenez-les toutes en compte. Au besoin, relisez une ou deux annonces et/ou descriptions de poste pour traduire le besoin de l'entreprise et le profil en mots clés tapés dans un moteur. Testez vous-même ces mots clés dans le moteur de recherche de LinkedIn : quels types de profils ressortent et en quelles proportions ? Si le nombre de profils obtenus est très élevé, comment la recherche pourrait-elle être affinée ? Si ce n'est pas déjà fait, familiarisez-vous avec la fonction « Recherche avancée » de LinkedIn, qui propose de nombreux critères de tri dont l'entreprise actuelle ou passée, la formation, les langues pratiquées...
- **À vos principaux points forts** : quels sont les atouts qui vous distinguent des autres candidats ?

Vous ferez figurer ces mots clés sur votre profil pour ressortir sur la ou les recherches qui vous intéressent :

- **Utilisez toutes les zones possibles** (titre, résumé, expérience) pour les répartir naturellement au fil du profil.
- **Pour les deux à quatre mots clés les plus essentiels, n'hésitez pas à les faire figurer dans chaque zone et à varier les formulations** si besoin (DAF, directeur financier, CFO...).
- Attention à « traduire » votre poste actuel dans des **termes parlants pour le maximum d'interlocuteurs.**

■ Avant de modifier votre profil, penser à maîtriser la visibilité de votre activité

Rédaction d'un titre plus efficace, actualisation de votre résumé, choix d'une nouvelle photo…, peut-être allez-vous tâtonner un peu et vous y reprendre à plusieurs fois. Dans ce cas, inutile d'avertir collègues et relations de votre intense activité sur LinkedIn (« Arnaud a modifié sa photo », « Arnaud a mis à jour son profil », « Arnaud suit maintenant Concurrent SA », « Arnaud a modifié sa photo », etc.). **Montrez-vous professionnel et maîtrisez la communication de vos retouches successives** auprès de votre réseau en paramétrant grâce à quelques clics votre flux d'activité avant de réaliser vos mises à jour.

Sur LinkedIn, l'un des accès possibles se trouve en colonne de droite de la page « Modifier le profil », dans un pavé intitulé « Notifier votre réseau ? » : positionnez le bouton sur « Non ».

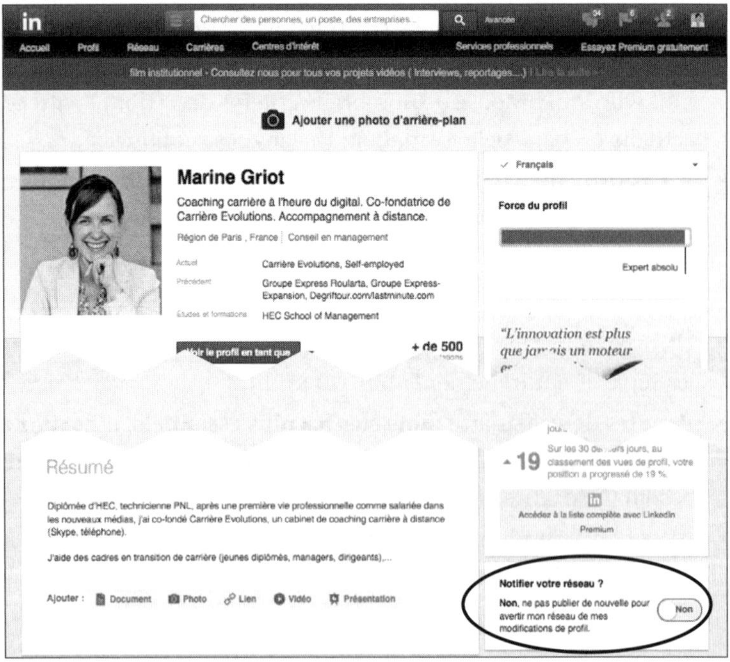

Bon à savoir

En quelle langue ?

Sur LinkedIn, votre profil principal correspond à la langue dans laquelle vous l'avez créé. Si les recruteurs sont susceptibles de rechercher des profils comme le vôtre dans une autre langue, prévoyez un deuxième profil dans cette langue également pertinente. Commencez par optimiser votre profil principal, que vous adapterez dans un second temps. (L'option « Créer votre profil dans une autre langue » est actuellement accessible *via* le bouton « Voir le profil en tant que ». Cliquez sur la petite flèche orientée vers le bas.)

■ Soigner particulièrement le titre

N'indiquez pas en titre votre poste actuel, ni votre secteur d'activité (qui sont proposés par défaut par LinkedIn) : **utilisez plutôt la réflexion sur votre objectif et vos points forts pour forger un titre percutant dans les 120 caractères impartis…** Privilégiez bien sûr les mots clés les plus importants pour votre objectif.

Mettez-vous une nouvelle fois à la place du chargé de recherche scannant à toute vitesse une liste de résultats : comment faire ressortir votre profil parmi les autres ? Utilisez ce qui vous rend unique, vos compétences clés, voire un slogan frappant si cela correspond à votre secteur et à votre personnalité !

Personnalisez aussi votre URL depuis votre profil, idéalement en **linkedin.com/in/prenomnom**. Soyez créatif si ce raccourci est déjà pris : pourquoi ne pas ajouter justement un court mot clé lié à votre expertise ?

Sur la page « Modifier le profil », faites apparaître la petite roue de réglages à droite de l'URL actuelle de votre profil puis modifiez votre URL sur la page suivante en colonne droite.

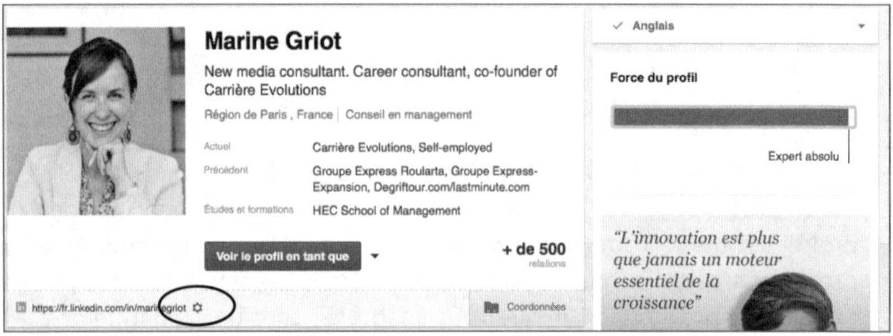

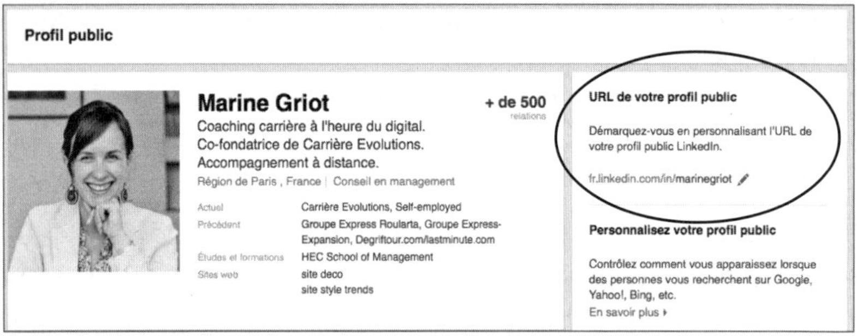

Bon à savoir

N'oubliez pas le benchmark : comparez plusieurs profils de pairs sur les points qui vous posent question.

■ Remplir toutes les autres rubriques avec les bons mots clés

À nouveau, utilisez le travail sur vos mots clés pour faire ressortir les points importants au fil des rubriques. Cependant, souvenez-vous que votre profil est également lu par des humains ! Faites un effort de rédaction pour qu'il soit clair et agréable à lire, même rapidement. Rédigez le résumé à la première personne (et non à la troisième comme on le lit parfois, ce n'est pas le *Who's Who*...)

Les profils sont survolés en quelques secondes : n'hésitez pas à **structurer votre rédaction** avec de l'espace et des puces ou tirets, surtout dans la partie « Résumé ». **Ajoutez des éléments visuels** : ils capteront l'œil du visiteur et prolongeront sa visite sur votre profil. En dessous de chaque item de la rubrique « Expérience » notamment, des liens vous permettent d'ajouter une présentation (PowerPoint, Slideshare), une photo, une vidéo...

Pour rédiger le descriptif de vos postes, vous pouvez bien sûr vous appuyer sur votre CV. **Je vous suggère cependant de ne pas y faire figurer de réalisations détaillées**, ou en tout cas d'en supprimer les chiffres ou de les remplacer par des fourchettes. La difficulté consiste à pouvoir truffer votre profil des bons mots clés, donc d'y ajouter de la matière sur vos expériences, sans divulguer aucune information confidentielle, ce qui pourrait apparaître comme déloyal aux yeux de votre employeur actuel, précédent et/ou potentiel...

Attention également aux anciens postes et recommandations qui vous positionnent sur des secteurs ou compétences dont vous essayez de vous éloigner. Dans ce cas, rectifiez le tir : multipliez les mots clés pertinents, ne donnez pas de détails sur les postes anciens que vous ne souhaitez pas valoriser, demandez à des contacts qui peuvent en témoigner de valider les compétences que vous souhaitez valoriser.

Enfin, assurez-vous de pouvoir **être contacté** avec des coordonnées indiquées clairement à l'endroit prévu.

■ Ajouter une photo de profil professionnelle

Il doit s'agir d'un portrait récent, en mode professionnel, de bonne qualité. Attention aux tenues et aux arrière-plans qui évoquent les vacances plutôt que votre environnement professionnel. Faites appel à un ami débrouillard ou à un photographe au besoin. Suivant les secteurs, on s'attend à une photo plus ou moins sérieuse, originale, détendue, souriante : adaptez-vous à votre milieu et à ce que vous souhaitez transmettre au premier coup d'œil.

■ Faire grossir votre portefeuille de contacts

En dessous de 150 contacts, votre profil risque de ne pas émerger du tout, lors des recherches des recruteurs…

Ne contactez que des gens que vous connaissez. Si vous partez d'un nombre réduit, pensez à vos anciens contacts et collègues, ainsi qu'aux gens que vous rencontrez brièvement au fil de vos démarches… Pensez à personnaliser vos demandes de contact, ne serait-ce qu'en commençant par « Cher… ».

Bon à savoir

Formule gratuite ou payante ?

Sur LinkedIn (contrairement à Viadeo), la formule gratuite permet de faire l'essentiel. En prime, se trouvent sur le Web des astuces pour contourner ses limites (voir, par exemple, le blog de Link Humans plutôt orienté recruteurs, avec des astuces utilisables par tous).

L'intérêt de la formule payante réside surtout dans la possibilité d'envoyer des messages même aux contacts hors réseau (au-delà du 3e degré) : comptez 50 €/mois environ, ce qui est pertinent seulement si cela accélère vraiment votre stratégie de networking.

■ Se faire recommander si possible

Le minimum est de vous faire recommander sur vos compétences en un clic. Commencez par recommander celles des autres pour vous faire recommander à votre tour. Soyez honnête dans votre appréciation des compétences de vos contacts pour obtenir le même type d'évaluation en retour.

Les recommandations rédigées sont un plus, surtout si elles émanent d'un supérieur. Cependant, ne procédez pas à des échanges de recommandations, ce qui n'est ni élégant, ni très discret…

Méthode

Réseaux sociaux, les principales erreurs à éviter

- Négliger les réseaux sociaux, ne pas y être présent du tout.
- Ne pas avoir complété intégralement son profil.
- Ne pas avoir intégré les bons mots clés, donc avoir beaucoup moins de chances d'être trouvé.
- Ne pas utiliser la/les langues utilisées par les recruteurs pour rechercher des profils comme le vôtre.
- Rassembler moins de 150 contacts.
- Confondre les réseaux sociaux professionnels et les autres (Facebook, etc.). Par exemple, mélanger contacts personnels et professionnels, ne pas personnaliser ses demandes de contact, commenter trop abondamment, partager des liens non professionnels, se laisser déborder par ses émotions…
- S'afficher comme chercheur d'emploi (sauf dans certains cas, par exemple si vous êtes preneur d'un CDD).
- Ne pas adapter son usage des réseaux sociaux au poste et au secteur visé (l'attente est différente pour un responsable marketing, un commercial ou un directeur financier).
- Ne pas agir on-line comme on le ferait dans la vraie vie (attention, politesse…).
- Harceler les recruteurs ou ses contacts !
- Perdre de vue votre objectif de transition professionnelle (ne pas s'éparpiller, les réseaux sociaux peuvent être chronophages).

Suivre des entreprises et postuler en ligne

Dans l'onglet « Carrière » de LinkedIn, vous trouverez les **jobs suggérés** en fonction de vos intérêts et des entreprises que vous suivez : c'est un bon début pour votre recherche.

Pensez également à suivre les entreprises qui vous intéressent pour être au courant de leurs dernières actualités et offres, voire de leurs initiatives de recrutement *via* divers réseaux sociaux.

■ Contributions : relayer de l'information pertinente, interagir avec vos contacts

Commencez par lire, « écouter », apprendre des autres avant de prendre la parole.

Vous pouvez, par exemple, lire les contributions qui vous intéressent, puis saluer les nominations de vos contacts. Peu à peu, relayez les articles pertinents que vous lisez ici ou ailleurs. C'est l'occasion de donner à voir votre expertise et vos centres d'intérêt professionnels, ce qui est particulièrement important si vous ciblez un nouveau métier ou secteur.

Suivez les entreprises et communautés qui correspondent à votre cible et guettez les événements du monde réel qui y sont annoncés. Les groupes sont nombreux et pas toujours vivants : n'y perdez pas de temps, mais participez à ceux qui concernent une expertise pointue (par exemple, un logiciel spécialisé), sur lesquels sont susceptibles de chasser les recruteurs.

Les réseaux sociaux reflètent votre carnet d'adresses, votre réseau tout simplement. Pensez à l'animer : pourquoi ne pas reprendre contact avec un lien faible chaque semaine en lui proposant un café ? Ou encore inviter à déjeuner une personne qui peut être favorable à votre recherche ?

6. La préparation aux entretiens

A. Ce que vous savez déjà

Si vous avez suivi les étapes proposées par ce guide, lorsque vous décrochez votre premier entretien de recrutement :

- Vous avez rédigé un (ou plusieurs) pitch et avez pratiqué l'exercice lors de vos récents entretiens de réseau (*cf.* p. 128), si bien que **vous êtes plus à l'aise pour vous présenter** et savez comment répondre aux questions classiques de début d'entretien (du style « Parlez-moi de vous », « Présentez-vous »…).

- Votre objectif, clair et validé par votre phase d'investigation, vous aide à vous positionner lors de l'entretien : **vous savez formuler vos points forts et vous êtes au clair sur vos motivations pour le poste, points essentiels** à valoriser au cours de la conversation.
- **Vos entretiens avec des professionnels vous ont apporté de précieuses informations pour vous préparer** : compétences clés attendues dans la fonction, jargon et standards du métier et/ou déroulement des recrutements du secteur par exemple. Dans le cas d'une entreprise appartenant à votre top 5 de cibles idéales, vous avez pris ou prendrez un ou plusieurs contacts en son sein et/ou dans son écosystème (si cela est possible) : vous obtenez alors des informations plus fines encore sur les manières de faire dans cette entreprise.
- Vous avez compris la psychologie (générale) du recruteur en quête d'un candidat « de rêve », rassurant et à même de solutionner son problème du moment. Vous avez eu l'occasion de mener plusieurs conversations professionnelles décontractées lors de vos entretiens d'information. Vous savez qu'être recruté ne dépend pas (seulement) de vous et que la sélection contient une part de feeling mutuel et un peu insaisissable.

Ces éléments doivent vous permettre d'arriver relativement détendu en entretien ! Vous avez mis toutes les chances de votre côté, vous ferez de votre mieux le jour J, le reste ne vous appartient pas (et dépend en partie de votre patience).

B. Que faire avant un entretien ?

Le tout est d'arriver à l'entretien bien préparé :

- **Récapitulez vos motivations et vos points forts pour le poste** : vous devez pouvoir les citer de vous-même au cours de l'entretien, sans attendre que le recruteur vous demande : « Pourquoi devrions-nous vous embaucher ? » ou « Pourquoi souhaitez-vous nous rejoindre ? ».

Pour commencer, rédigez un pitch d'introduction qui permettra de faire le lien avec l'entreprise et le poste.

- **Relisez attentivement l'offre (s'il y en a une) pour être clair sur les attentes de l'entreprise.** Relisez également ce que vous avez d'ores et déjà envoyé à l'entreprise (lettre, CV…).
- **Appuyez-vous sur vos réussites** : replongez-vous dans votre portefeuille de réussites, entraînez-vous à les raconter en deux minutes à l'appui de questions telles que « Quelle est votre plus grande qualité ? », « Donnez-moi un exemple d'une situation où… », « Maîtrisez-vous telle expertise ? », mais aussi de nombreuses autres questions : vous gagnerez à illustrer vos réponses d'exemples concrets étayant ce que vous avancez. Si l'on vous demande : « Comment comptez-vous réussir dans ce poste d'un point de vue management, alors que vous n'avez jusque-là encadré que trois personnes ? », expliquez comment vous comptez vous y prendre et citez un exemple d'animation d'un groupe plus grand que vous avez encadré dans un cadre associatif ou lors d'une expérience de gestion d'un projet mêlant management transversal et hiérarchique complexe qui montre votre capacité d'adaptation sur ce plan.
- **Renseignez-vous sur l'entreprise et préparez vos questions** : aussi bien celles que vous vous posez, que celles qui illustrent votre intérêt pour l'entreprise, ses missions, son actualité, le poste et ses enjeux, la future équipe dans laquelle vous vous intégreriez.
- **Entraînez-vous** : enregistrez-vous, chronométrez-vous, faites un échange de bons procédés avec un ami lui aussi en phase de recherche. De nombreux ouvrages spécialisés existent si vous ressentez le besoin de conseils supplémentaires. Citons notamment *L'entretien d'embauche en 202 questions* de Daniel Porot[1]. Sur le site de l'auteur, **porot.com**, vous trouverez en outre des mini-simulations par séries de questions.

1. Solar éditions, collection L'Express Emploi.

- **Attendez-vous (quand même) à être surpris.** Cela fait partie du jeu. Parmi les cas rencontrés récemment : un DRH ne lisant pas les CV avant les entretiens pour conserver un point de vue sans *a priori* sur les candidats présélectionnés côté opérationnel (avec des questions et des attentes inédites) ; un entretien dans l'univers des start-up à base de tutoiement immédiat et de cas concrets à résoudre ; un premier entretien de trois heures à base de cas ; un processus de recrutement composé de 20 entretiens différents !
- **Soignez votre attitude** : rassurez, soyez clair, ne prenez pas les questions difficiles comme des agressions... Parfois, le recruteur veut simplement vérifier que vous êtes à l'aise pour parler d'un point faible ou d'une difficulté, ou que vous pouvez réagir avec sang-froid une fois « sous pression ».

Focus

Ma recherche ne donne rien, que faire ?

- **Êtes-vous trop impatient ?** Reportez-vous notamment à ce que vous avez appris lors de vos entretiens d'information et de la définition de votre cible. Quelle est la taille du marché ? Un poste vous suffit, mais encore faut-il qu'il se libère : si votre cible est étroite, il faudra peut-être quelque temps avant que des opportunités se présentent.
- **Décrochez-vous des entretiens ?** Si non, revoyez d'une part votre CV, votre lettre et éventuellement votre profil LinkedIn, d'autre part votre ciblage (assurez-vous que votre marché n'est pas trop étroit). Si oui, entraînez-vous un peu plus dans l'optique des entretiens et souvenez-vous de la part de feeling qui nécessite de patienter jusqu'à la bonne rencontre.
- **Boostez votre plan d'action** : avez-vous investi votre énergie et votre temps dans les démarches les plus pertinentes pour les spécificités de votre cible ? Peut-être est-il temps d'imaginer et/ou d'essayer d'autres types d'action. Soyez réaliste suivant les options que vous avez choisies : on entend parfois des candidats

découragés après l'envoi d'une ou deux dizaines de candidatures spontanées. Alors qu'il en faut plutôt une ou deux centaines pour décrocher un nombre significatif d'entretiens si le ciblage est large et/ou la candidature ne cadre pas complètement avec le profil attendu.

- **Continuez vos entretiens réseau** : soignez votre pitch et restez à l'écoute des suggestions et informations fournies sur le recrutement.
- **Envisagez une formation** de quelques jours **ou un projet** (mission de conseil, intérim, stage) qui vous qualifie encore un peu plus pour le poste que vous visez, surtout si votre profil est atypique ou que vous effectuez une transition vers un nouveau poste ou secteur.
- Si cette attente vous pose problème soit financièrement, soit parce que vous considérez que vous êtes hors poste depuis trop longtemps : **envisagez un plan B, une mission d'intérim ou un job alimentaire**.
- Pensez également à **élargir votre cible à des postes qui seront valorisables pour décrocher un peu plus tard le poste que vous souhaitez vraiment**. Examinez les parcours des gens rencontrés en entretiens (et/ou pêchés sur LinkedIn) pour vérifier les liens entre les deux postes ou secteurs concernés.
- **Prenez un peu de recul, enclenchez un petit projet personnel** : parfois, on a juste besoin d'être un peu patient et de décoller le nez du guidon…

Bonne chasse !

Conclusion

Vous voilà au bout de cet ouvrage…, mais certainement pas au bout de vos réflexions et aventures professionnelles. Tous mes vœux de succès vous accompagnent !

Quelle que soit votre situation, en poste ou hors poste, si vous avez accroché avec l'analyse de vos réussites expliquée au chapitre 2 et/ou avec la démarche de networking exposée au chapitre 5, continuez à les cultiver, elles vous seront précieuses pour la suite.

Côté réussites, vous pouvez par exemple prendre l'habitude, chaque mois de décembre, de réfléchir aux quelques réussites majeures de l'année écoulée. Posez-les sur le papier : les détails et les chiffres s'oublient vite, qui rendront pourtant votre storytelling plus convaincant quand vous aurez envie ou besoin d'utiliser ces réalisations supplémentaires.

Côté networking, je vous souhaite de continuer à pratiquer l'art du réseau, pour apprendre, pour préparer demain, pour le simple plaisir des rencontres parfois étonnantes, fertiles et/ou enthousiasmantes. Cela va sans dire, j'espère aussi que vous recevrez avec bienveillance les demandes de rendez-vous d'autres explorateurs de projet en quête d'informations sur votre job…

Pour continuer à conjuguer le réseau sous toutes ses formes, avoir de vos nouvelles m'intéresserait et me ferait plaisir. Vous pouvez m'écrire à : **marine@carriereevolutions.com**, me contacter sur LinkedIn, Twitter ou *via* le site du cabinet de coaching carrière que j'ai cofondé (en me signalant que vous avez lu cet ouvrage) : **www.carriereevolutions.com**. Vous pouvez également consulter notre blog **carriereevolutions.wordpress.com** et/ou vous abonner à notre newsletter pour suivre nos conseils et notre veille sur les pratiques innovantes en matière de carrière et de recrutement.

Enfin, à propos de rencontres heureuses et de réseau, je remercie tout particulièrement Danielle Leroy, ma complice de Carrière Évolutions, qui m'a guidée avec patience dans mon approfondissement des thèmes de ce livre, et Sophie Appleby, ma work buddy depuis trois ans et relectrice attentionnée de cet ouvrage : cheminer à vos côtés est un plaisir et une source constante d'énergie. Merci à Michèle Dupré, ma bonne fée de l'AVARAP, et à Caroline Roucayrol et Hélène Willerval chez Vuibert pour leur accompagnement. Et puis merci pour tout à Julien.

Achevé d'imprimer en France en mars 2016 - JOUVE, 1, rue du Docteur Sauvé, 53100 MAYENNE
N° 2335347M - Dépôt légal : mars 2016
N° d'éditeur : 2016_0391